Hoginberd E. Hüßner

Ein Nürnberger Lausbub, Jahrgang 34

*Wahre Lausbubengeschichten und
andere heitere Episoden*

FRIELING

Die Schreibweise in diesem Buch entspricht den Regeln der alten Rechtschreibung.

Bibliografische Information der Deutschen Bibliothek
Die Deutsche Bibliothek verzeichnet diese Publikation in der
Deutschen Nationalbibliografie; detaillierte bibliografische
Daten sind im Internet über http://dnb.ddb.de abrufbar.

© Frieling-Verlag Berlin
Telefon: 0 30 / 76 69 99-0
www.frieling.de

ISBN 3-8280-2206-5
1. Auflage 2005
Umschlaggestaltung: Michael Reichmuth
Bildnachweis: Archiv des Autors
Sämtliche Rechte vorbehalten
Printed in Germany

I. Rückblick

Wie war das so im allgemeinen in unserer Jugend? Wer von der älteren Generation weiß das noch?

Trügen meine Erinnerungen, oder hatte nur ich ein ausgesprochen »lebhaftes Naturell«?

Im nachhinein frage ich mich manchmal selbst, war das alles wirklich wahr? Waren wir tatsächlich solche Lauser?

Ja! Zumindest ein Großteil meiner Spielkameraden und ich, denn hier wurde nichts hinzugeflunkert, eher Details abgemildert, vieles blieb unerwähnt, schon um Nachahmungen vorzubeugen.

Aus heutiger Sicht kann ich sehr gut ermessen, welche Geduld und welches Verständnis unsere Altvorderen mit uns hatten.

Betrachte ich mir heute das Umfeld und die Möglichkeiten unserer Kinder sowie der Jugendlichen, werde ich manchmal traurig in Anlehnung an mein Gefühl, wie spontan und lebensfroh wir waren und das leben konnten, und wie begrenzt im Gegensatz dazu heute ihre Umwelt für sie ist.

Sind Computerspiele und sonstige ausgereifte, technische Spielwaren wirklich ein Ersatz für die eigene Phantasie und für eigene kreative Spiele, – vor allem die eigenen »Erprobungen«, inwieweit die Erwachsenen bei dieser Art von Versuchen ebenfalls mitspielen?

Taten sie es damals nicht, so hatte das »fühlbare« Konsequenzen. Trotzdem wagten wir so manches, und hatten wir Glück, so hatten wir dieses in zweifacher Hinsicht.

Einmal dahingehend, daß unser Hosenboden geschont wurde und zum anderen das Glück des Empfindens, etwas gewagt zu haben, manchmal verbunden mit Schadenfreude.

Wir waren bestimmt alles andere als Heilige, aber wir waren bei all unseren Streichen nicht so aggressiv oder gar bösartig, wie es heute vielfach der Fall zu sein scheint.

Allein die Aggressivität innerhalb der Schule wäre für uns unvorstellbar gewesen.

Zu unserer Zeit wäre es vollkommen unmöglich gewesen, daß z.B. Klassenkameraden einem anderen das Taschengeld abgepreßt hätten.

Sie wären schlichtweg an unserem Zusammengehörigkeitsgefühl gescheitert. Schon beim ersten Mal hätte ihnen die Klassenkeile jeden weiteren Versuch vergällt.

Wir hatten nach meiner Einschätzung einfach mehr Gemeinsinn als die heutige Generation mit ihrem weitverbreiteten Egoismus.

Das liegt aber nicht an den Jugendlichen, das liegt an unserer derzeitig überwiegend egozentrischen Einstellung gegenüber unseren Mitmenschen, welche wir bewußt oder unbewußt auf unsere Kinder übertragen.

Hinzu kommt, daß sich die Lebensräume dramatisch verschlechtert haben. Unser gesamtes Umfeld wurde und wird noch immer autogerecht ausgebaut, ohne Rücksicht auf unser urmenschliches Bedürfnis nach Ruhe und Harmonie.

Wie soll unsere Jugend ihre Dynamik und ihren Drang, die eigenen gesellschaftlichen Rahmenbedingungen ausloten bzw. in diesem beschränkten Umfeld ausleben?

Auf Straßen, wo wir z.B. in Nürnberg tagsüber ohne nennenswerte Störungen Völkerball spielen konnten, ist es heute ohne Ampelschaltung fast nicht mehr möglich, von einer Straßenseite zur anderen zu kommen.

Zwischen den Häusern gab es noch genug freie Flächen, wo wir unsere »Lager« (Locherla im Nürnberger Dialekt) errichten konnten.

Wo wir damals noch bequem Drachen steigen ließen und einen Bumerang werfen konnten, steht heute eine Wohnanlage und auf unserer Hauptspielwiese ein Seniorenheim.

Außerdem gab es damals noch einen weiteren wichtigen Aspekt, welcher die Harmonie zwischen den Generationen ausmachte, – wir hatten noch Respekt vor unseren Eltern und anderen Erwachsenen, ein allgemeiner Kodex, welcher heute ein ziemlich kümmerliches Dasein fristet.

Antiautoritäre Erziehung ist noch immer weitverbreitet, obwohl die Verhaltensforschung längst erwiesen hat, daß diese Form von »Erziehung« Neurotiker bzw. ausgesprochen autoritäre Persönlichkeiten ergibt.

Wie sollte es auch anders sein? Wer nicht lernt, sich innerhalb bestimmter Grenzen harmonisch in sein Umfeld einzufügen, sondern nur immer seinen Willen bekommt, will dies auch als Erwachsener!

Wir sprachen nicht von unseren Rechten, wir wußten ziemlich genau, wie weit wir ohne Probleme gehen konnten.

Vor allem wußten wir, welche Pflichten wir hatten.
Pflichten? – heute ein meist unbekanntes Wort.

* * *

Im Folgenden geht es nicht nur um Streiche. Es ist ein Stück eines jugendlichen Lebens mit vielen Episoden, wie es in den 40er und 50er Jahren des letzten Jahrhunderts noch gelebt werden konnte.

II. Erste Erinnerungen

Meine Erinnerungen reichen zurück bis zum Alter von etwa knapp zwei Jahren. Es gibt davon ein leider etwas verunglücktes Foto. Ich trage noch eine Windelhose und habe einen kleinen Feldhasen im Arm.

Für mich war es eine Selbstverständlichkeit, mit Tieren Kontakt zu haben, denn mein Großvater hatte ein Haus mit kleiner Scheune, bestückt mit Hühnern, Tauben sowie einen Jagdhund im angebauten Zwinger.

Ein viel wichtigerer Umstand kam noch zum Tragen, denn nicht nur mein Großvater, alle nahen Verwandten väterlicher- und mütterlicherseits gingen auf die Jagd. Selbst meine Mutter hatte den Jagdschein, ohne allerdings aktiv zu jagen, sieht man von ihrer Tätigkeit als Treiberin bei den herbstlichen Treibjagden im Revier meines Opas ab.

Das hatte zur Folge, daß ich schon sehr früh mit allem, was mit der Jagd zu tun hatte, vor allem mit Jagdhunden in Kontakt kam.

Mein Vater hatte in unserer Nürnberger Wohnung ebenfalls einen eigenen Jagdhund, den er aber bald darauf abgab. Es war ihm zu gefährlich, wie unbedacht ich mit dieser mannscharfen Hündin »spielte«.

Dieser »Hasi« in meinem Arm war ein Jagdunfall. Der Hund meines Großvaters griff sich im Frühjahr diesen unerfahrenen Junghasen, schüttelte ihn ab und apportierte ihn. So kam ich zum »Hasi«.

Wie lange ich mit ihm spielen konnte, weiß ich nicht mehr. Vermutlich bis zum Abend.

Eines weiß ich aber noch sehr genau. Über seinen

Verlust war ich mehr als nur traurig. Ich war von ihm, der mich über Nacht »unerklärlicherweise verlassen« hatte, so enttäuscht, daß ich noch Jahre danach beim Anblick eines putzigen Junghasen mich sofort an ihn erinnerte und stets traurig wurde.

Kurz darauf gab es ein Ereignis, an welches ich mich allerdings nur noch schemenhaft erinnere, und es für mich in seiner Dramatik erst bewußt wurde, als mir später mein Großvater die Geschichte ab und zu erzählte, um mich mit meiner Lausbubenzeit ein wenig aufzuziehen.

Er züchtete Jagdhunde und legte dabei vor allem Wert auf jagdliche Schärfe.

Zu besagter Zeit hatte seine *Dina* ein paar Tage zuvor Welpen geworfen, welche noch blind waren und im Zwinger, in der Hundehütte, des öfteren leise winselten.

Was gab es Faszinierenderes für einen neugierigen Hosenmatz, als solche kleinen Hunde in die Hand zu bekommen. Gedacht und offensichtlich in die Tat umgesetzt.

Wie ich das zuwege gebracht hatte, darüber zerbrachen sich alle Familienmitglieder danach die Köpfe.

Das Problem lag zunächst in der Schärfe der Hündin.

Mein Großvater erzählte mir Jahre danach, daß *Dina* in dieser Beziehung mit Abstand alle seine Hündinnen, die er je hatte, übertraf. Sie war ohne größere Probleme in der Lage, einen kranken Rehbock zur Strecke zu bringen.

Sogar er, dem die Hündin ansonsten absolut gehorsam war, durfte ein paar Tage nach dem Wurf nicht in der Hundehütte nachsehen, wie dieser geraten war.

Es war ihm gerade noch erlaubt, den Freßnapf kurz durch die Zwingertüre zu schieben, und das ging nur unter Zähneblecken der Hündin über die Bühne.

Man kann sich seinen Schreck vorstellen, als er am Zwinger vorbeiging und ich ihm freudestrahlend aus der Hundehütte »**Opa!**« zurief und dabei einen kleinen, etwa goldhamstergroßen Welpen in der Hand hielt.

Neben meinem Kopf der Kopf der Hündin, welche ihm hingegen die Zähne zeigte.

Nun hatte er wirklich ein Problem. Die Hündin wollte ihn kaum in den Zwinger lassen, geschweige zu mir in die Hundehütte, denn ich wollte unbedingt bei den Welpen bleiben. – Dina hatte mich adoptiert.

Wie er mich schließlich heil aus der Hütte bekam, danach habe ich leider nie gefragt.

Es konnte nie geklärt werden, wie ich überhaupt in den Zwinger kam.

Der Maschendrahtzaun war in Ordnung. Der Riegel für mich viel zu hoch angebracht. Außerdem ging er sehr streng und war vorgelegt.

Eine Leiter konnte ich weder erreichen noch tragen, geschweige anlegen.

Blieb nur, daß ich bereits mit etwa zwei Jahren über den zwei Meter hohen Maschendrahtzaun geklettert war. Soviel zu meinem Unternehmungsgeist, an dem ich nicht wenig in meiner ganzen Jugend »litt«.

Meine Mutter bekam deshalb nicht nur in meiner Kindheit, sondern auch des öfteren später »die Krise«, wie wir es heute so schön formulieren. So schnell konnte sie gar nicht schauen, bis ich wieder ausgebüchst war.

Meine Oma sagte eines Tages, während ich nach einer Strafpredigt schmollend am Küchentisch saß, zu ihr: »*Mali (Amalie), ich habe drei lebhafte Buben gehabt, aber deiner übertrifft sie alle drei zusammen.*«

Eine Aussage, welche meine Mutter mir später nicht nur einmal vorwurfsvoll entgegenhielt.

Auf einer der häufigen Wochenend-Bahnfahrten, von Nürnberg nach Wassertrüdingen zu meinen Großeltern, ich soll so um die drei Jahre alt gewesen sein, blickte sie nur ein paar Sekunden aus dem Fenster, und *wussssch* war ich schon im Zug unterwegs.

Wohin wohl? Nach links oder nach rechts? Es war heiß und die Türen zu den Nachbarwaggons geöffnet.

Sie suchte zunächst, wie in solchen »dringenden« Fällen meist üblich, in der falschen Richtung, und fand mich erst nach ein paar Minuten auf dem Schoß eines alten Bäuerleins im Nachbarwagen. Er soll kaum noch einen Zahn im Munde gehabt haben.

Um seine Pfeife im Mund halten zu können, hatte er einen Gummiring, diese waren damals auf jedem Bierflaschenverschluß, auf sein Pfeifen-Mundstück gesteckt.

Zu seiner Freude wollte ich natürlich auch einmal an seiner sonderbaren Pfeife ziehen, und so fand mich meine Mutter!

Ein lachendes, zahnloses Bäuerchen und ihr paffendes Goldstück. Das fand sie gar nicht komisch, vor allem nicht sehr hygienisch.

Ich selbst habe das problemlos überstanden. – Es geht nichts über ein intaktes Immunsystem.

Bei schlafenden Kindern sollte man sich nie sicher sein, daß sie das auch so lange tun, wie wir Erwachsenen es des öfteren gerne hätten.

Der »kleine Bub« war noch immer um die Drei,

vielleicht auch Vier. Da wachte er auf, rief nach seiner Mutter und bekam keine Antwort.

Nichts wie raus aus dem Gefängnis (Sprossenbett) und die Mutter gesucht.

In der Wohnung war sie nicht. Also war sie weg.

Das schien mich nicht sonderlich aufgeregt zu haben. In kürzester Zeit soll ich nach ihrer Erzählung die Wohnung nach meinen Vorstellungen neu »geordnet« haben.

Als das erledigt war, »wuchtete« ich mir einen Stuhl an das Wohnzimmerfenster, – wir wohnten im dritten Stock, um auf der Straße das Geschehen besser beobachten zu können.

Da lief ja meine Mutter vom Milchmann zum Gemüsehändler. Also rief ich und klopfte ein wenig an die Scheibe. Sie hörte nicht – also klopfte ich jetzt ein wenig stärker mit der Faust an die Fensterscheibe.

Sie hörte noch immer nicht – also haute ich jetzt richtig zu.

Peng! Da ging die Scheibe zu Bruch, und das Handgelenk bekam etwas ab. *Uiii*, wie das blutete.

Ich weiß noch ganz genau, daß meine Befürchtung wegen der zu erwartenden Abreibung größer war, als daß ich mich ernstlich verletzt hatte.

Ich bemühte mich, die Wunde und den leicht pulsierenden Blutstrom einigermaßen mit dem Daumen zuzudrücken.

Die Senge blieb aus. Meine Mutter hatte andere Sorgen, als ihren blutenden Sprößling wegen der zerbrochen Scheibe zu versohlen.

Beim Arzt stellte sich heraus, daß die Pulsschlagader leicht angeritzt war und mein Daumen das schlimmste verhindert hatte. Ich mußte genäht werden. Noch heute ist die Narbe zu sehen.

Klettern war bereits im Kindesalter meine große Leidenschaft. Das zeigte sich zum Schrecken meiner Mutter schon sehr früh (siehe Hundezwinger). Sobald es ging, war ich auf jedem Baum, auf den ich kommen konnte.

Ich mag etwa vier Jahre alt gewesen sein, als ich im Hof meines Freundes über eine Kiste, dann über eine Regentonne auf das Dach einer kleinen Remise kletterte.

(Es war für mich stets ein herrliches Gefühl, gewissermaßen über dem profanen Boden zu stehen.)

Nun war ich oben, und für eine Weile war das ganz erhebend, aber es hatte den Nachteil, daß es alleine bald langweilig wurde.

Also wieder runter vom Dach. Aber wie?

Der erste härtere Lernprozeß stand an, welcher hieß: raufklettern ist in »schwierigem Gelände« einfacher als runter.

Da kam mir mein kleiner Freund zu Hilfe, indem er mir eine Bohnenstange entgegenstreckte, an welcher ich wieder hinunterklettern sollte.

Da er mir außerdem versicherte, daß er diese festhalten könne, hatte ich noch keinerlei Bedenken, mich darauf einzulassen.

Ergebnis: Ich knallte zwischen Regenfaß, Kiste und Remisenwand ziemlich unsanft auf den Boden. Meinen Arm mußte ich für ein paar Tage in einer Schlinge tragen, aber die Knochen blieben heil.

* * *

In unserer damaligen Nürnberger Wohnung gab es im Hof einen Ablauf für das Regenwasser. Dieser war natürlich einer gründlichen Untersuchung wert.

Wie ich es schaffte, den Gullydeckel abzuheben, und dann in den verhältnismäßig engen Gully selbst einzusteigen, entzieht sich meiner Erinnerung.

Ich weiß aber noch ganz genau, daß ich wieder mit Hängen und Würgen herauskam und von oben bis unten mit Schlamm bedeckt war.

Können Sie sich vorstellen, was es für einen Aufstand der betroffenen Hausfrauen gab, als ich die gewienerten Treppen bis zum dritten Stock hinaufstieg?

Es war das erstemal, daß ich mit etwa vier Jahren mit dem Kochlöffel Bekanntschaft machte, denn meine Mutter mußte alle Treppen wieder auf Hochglanz bringen.

Eine meiner größten Leidenschaften war das Spiel mit Seifenblasen. Dabei konnte man so herrliche Farbspiele auf den Blasen sehen und träumen, daß man eigentlich selbst so gerne davonschweben könnte, wenn ... ja, wenn!

Der große Störfaktor dabei war anfangs, daß damals unser Balkon nicht außen freischwebend mit einem Gitter versehen, sondern im Haus eingelassen und gemauert war.

Auf einem Schemel stehend mußte ich mich schon mächtig strecken, wollte ich zusehen, wie die Seifenblasen in der Tiefe verschwanden und platzten.

Zusätzlich war vor meiner Nase ein Metallgitter angebracht, um Blumentöpfe hineinzustellen. Soweit ich mich erinnern kann, waren außerdem zum Aufhängen der Kleinwäsche noch ein paar Leinen davorgespannt.

Es gab also Hindernisse genug, an denen so manche schöne, große Seifenblase hängenblieb.

Also mußte etwas geschehen, um erstens eine »bessere Sicht« und zweitens eine bessere Startposition für meine schillernden Seifenblasen zu haben.

In einem unbewachten Augenblick den Küchenhocker auf den Balkon gewuchtet, hinaufgeklettert, und sich im dritten Stock in das Blumengitter gesetzt, war eine Sache von Sekunden.

Was für eine herrliche Aussicht, und dazu der störungsfreie Abflug der Seifenblasen!

Leider war das Vergnügen nur kurz, der Kochlöffel sorgte für die entsprechende Hitze auf meinem Hosenboden, um mich in Zukunft von weiteren Experimenten dieser Art abzuhalten.

Eines konnte ich aber doch durchsetzen. Ich durfte jetzt auf dem Hocker kniend meine Seifenblasen pusten – allerdings nur dann, wenn ich mit der Wäscheleine angebunden war.

* * *

Vom Frühjahr 1938 bis zum Sommer 1939 wurde mit anderen Häusern unser eigenes Haus in der Normannenstraße gebaut.

Die Entfernung von unserer damaligen Wohnung, in der heutigen Pillenreutherstraße 119, war nur etwa 150 m. Ich war knapp fünf Jahre alt und behielt selbst nach dem Umzug meine alten Spielkameraden.

Für uns Jungen gab es nichts Schöneres, als nach dem Kindergarten oder am Wochenende, wenn die Bauarbeiter weg waren, in diesen Rohbauten Räuber und Gendarm oder Verstecken zu spielen.

(Dazu wäre zu sagen, daß unsere Eltern uns damals noch ohne Schwierigkeiten außer Haus spielen lassen konnten. Es gab so gut wie keinen Autoverkehr, und wir bewegten uns ungefährdet meist auf den Bürgersteigen, aber auch

auf den Straßen. Dieser Spielraum wurde bis zum Abendessen, oder im Winter bis zur Dämmerung, den Kindern ganz allgemein eingeräumt.)

Vor einem der Neubauten gab es einmal kurzzeitig einen Sandhaufen, welcher ziemlich nahe am Haus lag. Das war für mich einige Male die Rettung, wenn mir »der Gendarm« – meist ein etwas älterer Freund – im Nacken saß.

Vom ersten Stock ein Sprung in den Sand, und ich war gerettet, denn keiner sprang nach.

Einmal wollte es ein Spielkamerad doch wagen, verlor aber unmittelbar vor dem Sprung den Mut, wollte zurück und verlor das Gleichgewicht mit dem Erfolg, daß er ein paar Tage wegen eines Gipsarmes nicht in den Kindergarten mußte.

Den Kindergarten selbst haßte ich wie die Pest. Vor allem das lange Sitzen auf den Stühlen und die langweiligen Spiele zusammen mit den »lästigen Mädchen«.

Die waren vielleicht »doof und empfindlich«, vor allem, wenn wir sie an den Zöpfen zogen – und immer wollten die ganz anders spielen als wir Buben.

Das schlimmste war, sie konnten mit Hilfe der Schwestern meist ihren Kopf durchsetzen, und wir mußten grollend nachgeben.

In wir wuchs der Widerstand und der Tatendrang.

Eines Tages lieferte mich meine Mutter nicht direkt bei der Schwester ab, sondern ließ mich mit anderen Kindern gleich an der Eingangstüre weitergehen, was ich sofort ausnützte.

Kaum hatte sie sich umgedreht, lief ich zurück und ging entgegengesetzt meiner Wege.

Vermutlich ging das nicht allzulange gut, denn es gab noch aufmerksame Mitbürger.

Ein Kind, welches am Vormittag, mit dem Kindergartentäschchen vor dem Bauch, ganz alleine durch die Gegend bummelte, – da stimmte etwas nicht.

Ob ich bei einem Schutzmann abgeliefert wurde, oder ob er mich selbst in Gewahrsam nahm, ist mir entfallen. Jedenfalls war ich bereits mit knapp fünf Jahren »in Polizeigewahrsam« – und das genoß ich.

Die Männer in den Uniformen, die glänzenden Lederstiefel und den Tschakos auf dem Kopf, sowie die Polizeiwache mit ihrem Betrieb, das imponierte mir gewaltig.

Ich verweigerte jegliche Aussage nach meiner Wohnung, denn hier auf der Wache war ich zumindest anfangs Mittelpunkt, daheim wartete ein Donnerwetter, sollte ich zu früh aus dem Kindergarten heimkommen. Soviel war mir klar.

Also Mund halten, Hubert. Irgendwann müssen sie dich ja wieder laufenlassen, wenn sie nicht wissen, wo du wohnst. So dachte ich vermutlich mit kindlichem Gemüt.

Da mich meine Mutter im Kindergarten glaubte, und mich auch sonst niemand vermißte, ging das solange gut, bis mittags die Ablösung der Wache kam. Nun war der Traum zu Ende.

Einer der Polizisten konnte sich erinnern, wo er mich mit meiner Mutter schon einmal gesehen hatte.

Er nahm mich bei der Hand, es gab nur noch eine Nachfrage bei einem der Geschäfte in der Nähe, und er lieferte mich zu Hause ab.

Freund Kochlöffel hat dann dafür gesorgt, daß ich meine Kindergartenzeit zähneknirschend und »brav« absolvierte.

III. Die Schule beginnt

Im Jahre 1940 wurde ich eingeschult. Die ersten zwei Jahre mit Lehrer Weinhöppel habe ich in guter Erinnerung. Er hatte eine natürliche Art von Autorität, war aber in keinerlei Art grob zu uns – und wir waren bestimmt eine lebhafte Rasselbande.

Das Turnen war für mich das Schönste überhaupt. Was gab es in der Turnhalle nicht für herrliche Geräte. Für meinen Lehrer hingegen war es der reinste Streß, wie er meiner Mutter einmal gestand.

Sie erzählte mir später, daß er froh war, wenn die Turnstunde vorbei war und ich unversehrt die Turnhalle verlassen hatte.

Schon damals zeigte sich meine überdurchschnittliche körperliche Fitneß.

Bereits mit sechs Jahren kletterte ich die ca. fünf Meter hohen, glatten Kletterstangen hinauf, um dann vergnügt im Eiltempo hinunterzugleiten.

Das ging über das Fassungsvermögen meines Lehrers. So einen Racker hatte er noch nie in seiner Klasse. Welche Übung auch auf dem Plan stand – ich war mit Feuereifer dabei.

Die beiden ersten Jahre der Schule waren für mich die schönsten überhaupt. Ich durfte Lesen, Schreiben und Rechnen lernen, und ich tat es gerne.

Zwar war ich nie ein Streber, aber es reichte zum oberen Viertel der Klasse, und das reichte mir allemal, auch wenn mein Vater lieber mehr Einser statt Zweier gesehen hätte. – Ich jedenfalls war zufrieden.

Vor allem das Lesen hatte es mir angetan. Bei schlechtem Wetter las ich, was mir unter die Finger kam. Ich entwickelte mich schlechthin zur Leseratte, und blieb es zeitlebens.

Es war die einzige Zeit, wo mich meine Mutter gut »aufgeräumt« wußte.

Es gab für mich nichts Schöneres, als Sonntags morgens im Bett bleiben zu dürfen, und vor allem Balladen und andere Gedichte wie der *Erlkönig*, *Die Glocke*, *Roland Schildträger*, und viele andere Werke aus den ehemaligen Lesebüchern meines Vaters, im wahrsten Sinne des Wortes verschlingen zu können.

Dabei vergaß ich manchmal sogar das Frühstück, welches mir meine Mutter sogar ans Bett brachte.

Nach den ersten zwei Schuljahren kamen wir zum berühmt-berüchtigten Lehrer A. Hier lernten wir, was Schulangst bedeuten kann.

Wir hatten keine Angst vor einer schlechten Note, nein, wir hatten Angst vor der »Behandlung«, bevor diese in sein spezielles Heft eingetragen wurde.

Das mindeste waren fünf »Tatzen«. (Tatzen wurden Hiebe mit dem Rohrstock auf die Fingerspitzen der Innenhand genannt.)

Die gab es bei ihm für geringste Vergehen, selbst für einen unachtsamen, träumerischen Blick aus dem Fenster.

So mancher von uns hatte danach Schwierigkeiten, die Hausaufgaben zu machen.

Zu Hause klagen durften wir keinesfalls, sonst liefen wir Gefahr, daß sich ein weiteres Donnerwetter, zumindest mündlicher Art entlud.

Damals waren die Eltern im allgemeinen gegenüber ihren Kindern viel, viel strenger, als man sich das heute auch nur annähernd vorstellen kann.

Wir wußten jedenfalls ganz genau, wo es langgeht,

und ich wage zu bezweifeln, daß wir alle charakterlich verbogen wurden, wie es die heutigen Verfechter einer gänzlich straffreien Erziehung behaupten.

Im Gegenteil, wir hatten Respekt vor unseren Mitmenschen. Nicht aus Furcht vor Strafe, sondern weil wir mit diesem Respekt erzogen wurden.

Für gröbere Verstöße setzte es bei Lehrer A. Hiebe mit einem Haselnußstecken auf das gespannte Hinterteil. Dazu wurde der Kopf zwischen den Unterschenkeln des Lehrers eingeklemmt, seine linke Hand zog uns am Hosenbund hoch, und der Stock machte »watsch, watsch, watsch«!

Da wir im Sommer fast alle kurze Lederhosen trugen, hatte das, im wahrsten Sinne des Wortes, einen »durchschlagenden« Effekt auf der Schmerzensskala.

Meine zweite Seele (Sternzeichen Zwilling) war schon immer ein kleiner Rebell, diese sann, trotz aller Gefahr, auf Rache für so manche erlittene Bekanntschaft mit dem Stöckchen.

Als ich wieder einmal bei den Tatzen an der Reihe war, bemerkte ich, daß Lehrer A. beim Festhalten meiner Hände, die Finger seiner linken Hand ziemlich weit in meine Innenhand schob. Nun beobachtete ich, wie er es bei meinen Mitschülern handhabte, hier war es genauso. »Warte, Freundchen, jetzt kriege ich dich«, dachte ich vermutlich im stillen.

Beim nächsten Mal, als ich wieder an der Reihe war, schob ich kurz vor dem Auftreffen des Stockes, meinen Arm blitzartig ein paar Zentimeter nach vorne, und er traf sich selbst auf die Oberseite seiner Fingerspitzen, also auf seine Fingernägel. Die Klasse erstarrte ob meiner Unverfrorenheit.

Nachdem er seine Hand wegen der Schmerzen ein wenig geschüttelt hatte, nahm er zunächst diese

Schmach, ohne weitere Folgen für mich, an diesem Tag hin.

Ab diesem Zeitpunkt war ich jedoch generell ein Kandidat für den Haselnußstecken.

Hinzu kam, daß er meine Mitschüler nur noch am Handgelenk faßte, und diese die Hand alleine ausstrecken mußten. Taten sie es nicht, waren sie ebenfalls reif für den Haselnußstock.

Also was war zu tun? Ganz einfach, – seinen Stock durch einen anderen, präparierten ersetzen. Die Idee war eine Sache, die Ausführung eine andere.

Zuerst beschaffte ich mir einen Haselnußstecken von etwa gleicher Dicke und Länge. Den mußte ich während des Tages, trotz der anwesenden Gärtner, heimlich im städtischen Schulgarten »besorgen«.

Dann mußte er zum Trocknen ein paar Tage liegen.

Jetzt sägte ich ihn im oberen Teil in kleinen Abständen an. Auch das mußte heimlich im Keller mit der Laubsäge meines Vaters erfolgen.

Zum Schluß mußte er ins Klassenzimmer geschmuggelt werden, ohne daß es allzu viele Klassenkameraden mitbekamen.

Mit drei verschworenen Mitschülern, welche mit dem »Knüppel aus dem Sack« ebenfalls ziemlich oft in »enger Beziehung« standen, hatten wir das in der Pause mit Hilfe einer dünnen Schnur über das Fenster geschafft.

Dazu mußten wir uns heimlich aus dem Schulhof stehlen. Einer stand Schmiere, der nächste war verbotenerweise im Klassenzimmer, und ich verließ sogar die Schule, um den Stock anzubinden.

Der Originalstock wurde über das gleiche Fenster »entsorgt«.

Das Gesicht des Lehrers sehe ich heute noch vor

mir, als beim ersten Hieb der Stock teilweise davonflog, bzw. sich ringelte.

Da sich die ganze Klasse vor Lachen bog, hatte das keine unmittelbare Folgen, außer daß tags darauf ein neuer Haselnußstock seine Dienste aufnahm, und dieser anfangs besser »zog«, da er noch frisch war.

Die ganzen Aktivitäten brachten für uns leider nichts Positives ein, im Gegenteil, es verschlechterten sich die nachfolgenden Konditionen.

Da wir im neuen Haus bereits im März 1943 ausgebombt waren und meine Mutter und ich zu meinen Großeltern aufs Land zogen, erledigten sich in dieser Schule weitere Handlungen von selbst.

Zu dieser Zeit hatte fast jeder von uns sein »Gambala« (Zwille). Das war damals unser Colt.

Allerdings durften unsere Eltern nicht wissen, daß jeder von uns so ein »gutes Stück« hatte.

Diese hatten immer nur »die anderen Buben«, und deshalb mußten wir sie stets verstecken, bevor wir nach Hause kamen.

Zwar hatte ich stets ein paar kleinere Kieselsteine als »Munition« in meiner Hosentasche, aber die entsprechenden Rückschlüsse zog meine Mutter offenbar nicht, – und wenn, so hätte ich die nur zum »Schussern« (Murmel spielen) gebraucht.

Die Kriegszeit machte sich schon bemerkbar, und es gab kaum starke Gummis, vor allem war es gar nicht so einfach, an Exemplare der Einmachgläser zu kommen.

Entweder war das Glas gefüllt und geschlossen, oder in jedem Glas lag der entsprechende Gummi drin.

Mir blieb nichts anders übrig, als ein ganzes Glas

verschwinden zu lassen, wollte ich nicht »waffenlos« dastehen.

Glas voll oder leer? Das war stets die Frage, um es frei nach Shakespeare zu formulieren.

Was immer Sie annehmen, Sie haben recht. So gut war die Gummiqualität damals nicht, daß ein Stück gereicht hätte, und außerdem konnte es schon vorkommen, daß man aus Versehen einmal der Übermacht einer »feindlichen Schlass'n« (Gruppe) erlag, entwaffnet und nach einer Abreibung entlassen wurde.

So harmlos war das Ganze nicht, denn wir setzten diese »Gambalas« durchaus gegen die Kinder der »verfeindeten« Nachbarstraßen ein.

Ein Glück, daß außer ein paar blauer Flecken nur ab und an eine Fensterscheibe daran glauben mußte.

Mehr will ich zu dieser Thematik nicht äußern, gut, daß dieser Jugendbrauch in Vergessenheit geraten ist.

* * *

Es muß im Sommer 1942 gewesen sein. Wir hatten unser »Locherla« (kleines Lager), wie der Nürnberger sagt, in einer Ecke vor den Gärten der Normannen- und Langobardenstraße. Davor war damals noch ein Platz in etwa so groß wie ein Fußballfeld.

Dieses Areal war unsere Haupt-Spielwiese. Hier wuchsen noch Vogelknöterich, wilde Gerste, Beifuß und andere Wildkräuter.

Es müssen viele Sonnentage gewesen sein, denn alles war ziemlich trocken.

Streichhölzer brauchten wir nie. Jeder von uns hatte immer sein Brennglas in der Hosentasche. War es naß, brannte sowieso nichts, und schien die Sonne, waren wir gerüstet.

Wie wir zu diesen Brenngläsern kamen? Darüber bin ich mir nicht mehr sicher. Ich glaube, wir tauschten sie von größeren Jungen gegen irgendwelche andere »Kostbarkeiten« ein.

Damals war, zumindest für uns, ein richtiges »Locherla« nur komplett, wenn wie bei den heißverehrten Indianern auch ein kleines Lagerfeuer brannte. Ich betone kleines, denn das durfte ja niemand bemerken.

Folglich mußten wir es fast rauchfrei halten, »wie die Indianer«.

Eines hatten wir an diesem Tag in unserem jugendlichen Leichtsinn allerdings nicht bedacht.

Das Gras um uns herum war zundertrocken, und ehe wir uns versahen, brannte zuerst die Platzecke, dann der halbe Platz und dann – war die Feuerwehr da!

Wir hatten uns gleich klammheimlich verzogen. Da wir uns in unserem Lager mit dem Feuer sowieso sehr ruhig verhielten, denn wir »rauchten« ja auch noch ab und zu das Kalumet, eine kleine Spielzeugpfeife aus Ton, gestopft mit undefinierbarem Kräuterzeug, kamen wir ohne Strafgericht und einem blauen Auge davon.

Wir spielten im Hof unseres ehemaligen Wohnhauses. Ausnahmsweise spielten wir einmal mit den Mädchen, und so dauerte es nicht lange, bis wir Buben in jugendliches Imponiergehabe überwechselten.

Irgendwoher tauchte plötzlich ein Stück einer Wäscheleine auf, und der Tapferste ließ sich an den »Marterpfahl« binden.

Da aber der »Marterpfahl« nur aus einer Teppichstange bestand, welche oben quer an der Hofmauer angebracht war, war das Thema sehr schnell erledigt.

Zu dieser Zeit war der Erfolg unserer Fallschirmjäger auf Kreta in aller Munde, und so war es nur logisch, daß wir jetzt selber Fallschirmjäger sein wollten.

Gesagt, getan. Die Leine wurde an die Teppichstange gebunden und stellte die Reißleine dar. Jetzt hinauf auf die Hofmauer und Absprung.

So weit, so gut, das Ganze war schließlich steigerungsfähig.

Aus der Reißleine, welche weggeworfen wurde, machten wir kurzerhand die Fallschirmleinen. Also flugs eine Schlinge gemacht und hinein bis unter die Arme. Wo wir es auf der Gegenseite festmachten, habe ich vergessen.

Diesmal war ich der erste, welcher sich »aus schwindelnder Höhe«, mit einem Stock als Gewehr, auf die bösen Engländer stürzte.

Als ich von der Mauer absprang, kamen mir blitzartig Bedenken, daß das Ganze weh tun könnte, wenn der Ruck an der Leine erfolgte, und ich versuchte noch im Flug die Schlinge wieder über den Kopf zu bringen.

Vergebens! Es erfolgte ein fürchterlicher Ruck, welcher mich zum Glück an die Mauerwand warf und so einen Teil der Energie auffing.

Glücklicherweise konnte ich die Hand nicht mehr ganz aus der Schlinge bringen. Sie war seitlich am Hals blockiert. Dadurch konnte sie sich nicht ganz zuziehen und ich bekam, auf den äußersten Zehenspitzen stehend, einigermaßen Luft.

Meine Freunde gerieten in Panik und rannten aber nicht nur ein paar Meter weiter ins Haus, um Hilfe zu holen, nein, sie rannten die rund 150 Meter zu meiner Mutter nach Hause.

Ich hing und hing und rang nach Luft. Außerdem war mir leicht »blümerant«.

Nach den Worten: »Schnell, schnell, Frau Hüßner, der Hubert hat sich aufgehängt«, »flog« sie nach eigener Aussage förmlich zur »Absprungstelle«, um mich dort noch halbwegs am Leben vorzufinden.

Die Schlinge war aber so fest, daß sich diese mit einer Hand und ihren zittrigen Fingern nicht aufziehen ließ. Schließlich mußte sie mich mit dem anderen Arm noch hochheben, um genügend Seil zum Öffnen zu bekommen.

Erst als sie zufällig eine Flasche im Hof liegen sah, hat sie diese zertrümmert, um mich dann mit Hilfe eines Scherbens zu befreien.

Daraus ist zu ersehen, selbst zu Hause können »Fallschirmjäger« in Lebensgefahr kommen.

(Später wollte ich es dann genau wissen, was es mit dem Fallschirmspringen auf sich hat und habe mir bei einem Tandemabsprung das <u>richtige</u> Gefühl für die Sache geholt.

Ich kann nur sagen – ein tolles Erlebnis, sehr empfehlenswert für einen »verträumten« Nachmittag.)

* * *

Die meisten unserer Lebensmittel kauften wir bei *Poschinger,* einem kleinen Laden, welcher so gut wie alles führte, was damals allgemein benötigt wurde.

Bereits 1942/43 machten sich infolge des Krieges erste Mängel bemerkbar.

Meine Oma war gerade zu Besuch, und zufällig bekam ich tags zuvor bei einem Gespräch meiner Mutter mit, wie sie sich bei ihr beklagte, daß sie gestern keine *Camelia* auftreiben konnte und sie langsam in Schwierigkeiten käme.

Keine Ahnung, was damit gemeint war, es interessierte mich auch gar nicht weiter.

An diesem Tag regnete es, meine Mutter benötigte noch eine Kleinigkeit, und ich mußte zu Poschinger, um es zu besorgen.

Der Laden war wie üblich voll, und ich mußte warten. Eine Kundin vor mir verlangte *Camelia* und bekam eine große blaue Schachtel ausgehändigt.

Aha, das ist also *Camelia*, und heute gibt es welche. Da meine Mutter mir einen größeren Schein mitgegeben hatte, konnte ich also frei einkaufen.

Als ich dran war, verlangte ich vorsichtshalber gleich zweimal *Camelia*, was mit der Begründung abgelehnt wurde, daß jede Frau nur eine bekäme.

Daraufhin sagte ich sofort, daß ich doch zwei haben will, da meine Oma bei uns zu Hause auch eine bräuchte.

Die Antwort war ein schallendes Gelächter des ganzen Ladens, und ich mußte mich mit einer Schachtel begnügen.

Als ich die Geschichte zu Hause empört erzählte, daß sie mir nur eine Schachtel gaben, obwohl ich für die Oma auch eine haben wollte, erntete ich erneutes Gelächter.

Beleidigt zog ich ab, ohne mich um das Warum der Heiterkeitsausbrüche zu erkundigen.

* * *

Im März 1943 brannte, bei einem der ersten Fliegerangriffe, unser Haus durch eine Phosphorbombe aus.

Meine Mutter und ich zogen eine gute Fahrstunde von Nürnberg entfernt, zu meinen Großeltern nach Wassertrüdingen.

Es war damals ein beschauliches Städtchen mit etwa 1900 Einwohnern. Viele Einwohner waren noch Kleinbauern und hatten Pferde und Kühe. Für mich war das eine neue und aufregende Welt.

Einige der Jungen und Mädchen aus der Nachbarschaft kannte ich schon von den Ferien, sowie den Wochenendfahrten meiner Eltern.

Jetzt aber mußte ich hier in die Schule und kam mit allen Gleichaltrigen – und den älteren Kindern des Städtchens in Kontakt.

Zunächst standen logischerweise die »Rangordnungskämpfe« in der Klasse an.

Bei unangenehmen Sachen springe ich meist sofort »ins kalte Wasser«.

So versuchte ich auch hier die Sache abzukürzen, indem ich mich gleich mit dem Ranghöchsten anlegte.

Zwar klappte das nicht ganz, denn er war ein Jahr älter und einen halben Kopf größer, aber den 3. Rang hatte ich mir in Kürze erobert.

Solch ein direktes Verhalten brachte mir in der Regel ein paar blaue Flecken ein, jedoch weitaus weniger, als auf dem langen Weg über die unteren Ränge, und energiesparender war das allemal.

Die Klasse selbst war mit etwa fünfzig Schülern und Schülerinnen ziemlich stark. Hinzu kam, daß zwei Jahrgänge im gleichen Raum waren, nämlich drittes und viertes Schuljahr zusammen.

Heute kann sich das kaum jemand mehr vorstellen. Damals war das, zumindest auf dem Land, durchaus üblich.

Das ging nur mit Disziplin. Unser Lehrer Weeth war keinesfalls grob, sieht man von gelegentlichen Watschen bei den Jungen ab. Diesen Schmerz nahmen wir ganz gelassen hin.

Er verschaffte sich den Respekt ganz einfach durch seine Art, den Unterricht zu gestalten. Vorbei war die Zeit des Rohr- und Haselnußstocks. Ich atmete auf.

Es war neu und für mich sehr gewöhnungsbedürftig, daß Mädchen mit im Klassenzimmer waren, denn in Nürnberg war das ganze Schulhaus unterteilt.

Die Hälfte des Hauses waren reine Mädchenklassen, die anderen Schulräume besetzten die Buben. Selbst die Eingänge für Mädchen und Jungen waren separat. Auch in der Pause hielten sich die Jungen und Mädchen auf dem Hof ziemlich getrennt.

Jetzt waren »diese blöden Langhaarigen« dabei und konnten mitverfolgen, wenn uns der Lehrer rüffelte.

Zumindest mich ärgerte das, und noch mehr regte ich mich innerlich darüber auf, daß ich mich wegen der »doofen Gänse« überhaupt aufregte.

In Nürnberg waren wir Jungen fast immer unter uns und vertrieben normalerweise die Mädchen, wenn sie uns zu nahekamen.

Nicht direkt, wir zogen sie stets an den Zöpfen und wußten, daß sie dann sehr schnell das Feld räumten.

Hier mußte ich mich erst daran gewöhnen, daß sehr oft alle zusammen einträchtig spielten.

Als ich anfangs meine »Zopfzieh-Spiele« beginnen wollte, stieß ich auf vollkommenes Unverständnis bei meinen Spielkameraden.

Im Freibad waren zwar die Geschlechter wieder getrennt, denn zwischen den Umkleidekabinen war eine Bretterwand aufgebaut, welche bis zum Fluß reichte.

Im Wasser selbst waren wir wieder zusammen und tauchten uns ohne Unterschied.

Da hielten sogar die Mädchen tüchtig mit, vor allem, wenn sie uns in der Überzahl angriffen.

Die Hauptkleidung der Jungen war im Sommer ein kurzärmeliges Hemd und die kurze Lederhose.

Als Sommerschuhe trugen wir Holzsandalen, liefen aber meistens barfuß (außer in der Schule).

Die Sommer waren in meiner Kindheit, soweit ich mich erinnern kann, warm und sonnig, die Winter kalt mit viel Schnee.

Da wir nach den Hausaufgaben ständig unterwegs waren, hatten wir selten eine Badehose dabei, wenn uns das Schwimmen in den Sinn kam.

Nach Hause zu gehen war nicht ganz ungefährlich, denn es konnte durchaus vorkommen, daß uns die Mutter oder die Oma mit Wünschen nach Besorgungen die Spielzeit verkürzten. Also dann lieber ohne Badehose zum Schwimmen.

Da das offizielle Freibad Geld kostete, mußten wir entweder ein Stück flußauf ins Jugendbad oder noch weiter ins Kinderbad.

Ersteres war ein kleines Bretterhäuschen und nur für Schwimmer geeignet. Letzteres bestand lediglich aus einem gemähten Wiesenstreifen, und das Wasser war hier nur knietief. Die Begrenzung bestand aus einer quer im Wasser schwimmenden Stange.

Wollten wir richtig toben, waren wir im Kinderbad. War Schwimmen und Tauchen an der Reihe, so schwammen wir einfach die paar Meter weiter. Um die größeren Mädchen scherten wir uns wenig, wir gingen einfach mit unserer Unterhose ins Wasser. War niemand da, selbstverständlich im Adamskostüm.

Waren jedoch die gleichaltrigen Klassenkameradinnen da, dann blieb uns nichts anderes übrig, als mit der Lederhose ins Wasser zu gehen.

Das hatte einige Nachteile. Erstens mußte die Hose am Körper einigermaßen trocknen, denn sonst kam das Donnerwetter zu Hause, wenn sie noch »sehr feucht« war.

Zweitens wurde sie tags darauf stocksteif und rieb uns unsere Schenkel wund. Es dauerte ein paar Tage, bis sie wieder einigermaßen geschmeidig war – und wir badeten erneut.

Im Frühjahr 1944 wurde ich zu den Pimpfen »eingezogen« (Alter zwischen 10 und 14 Jahren).

Die anfängliche Begeisterung fürs Neue legte sich sehr schnell, als die Appelle, vor allem das Exerzieren, für meine Begriffe überhand nahmen.

Meine guten sportlichen Anlagen zeigten sich hier zum ersten Mal. Im Mehrkampf wurde ich auf Anhieb Bannsieger bei den Pimpfen (heute etwa vergleichbar mit Kreismeister).

Mein Großvater konnte sich kaum noch vor Stolz auf seinen Enkel einkriegen.

Seine erste »Amtshandlung« bestand darin, daß er mich tags darauf in voller Uniform zum Fotografen schleppte und Bilder machen ließ.

Die sportliche Leistung wurde bei den Pimpfen sofort honoriert, denn ich wurde umgehend zum Hordenführer befördert.

Warum genau, weiß ich nicht mehr, vermutlich war meine lockere Auffassung »von Dienst und Strammstehen« meiner Horde der Grund, jedenfalls dauerte es höchstens 4–5 Wochen, und ich wurde wieder zum einfachen Pimpfen degradiert.

Die Degradierung selbst störte mich nicht im geringsten, nur die Tatsache, daß der größte Streber und Unsportlichste aus der Gruppe an meiner Stelle zum Hordenführer aufstieg und ich vor ihm strammstehen und sogar robben mußte, das wurmte mich mächtig.

Trotzdem hatte ich hier sehr viel Freiraum, denn bei den Geländespielen konnte mir kaum einer das Wasser reichen.

Da meine ziemlich ungewöhnlichen Taktiken, oft auf eigene Faust, fast immer zum Ziel führten, ergab es sich nach kurzer Zeit, daß sich bei den Geländeübungen meine Kameraden an mir orientierten und ich damit indirekt die Befehlshoheit innehatte.

Der Hordenführer mußte hier klein beigeben, und für mich war damit alles im Lot.

Außerdem hatte ich beim übergeordneten Gruppenführer einen Stein im Brett, und übertrieb es der Hordenführer, so übernahm im allgemeinen der Gruppenführer wieder das Kommando.

In diese Zeit fiel eine besondere Erziehungsmaßnahme meiner Mutter.

Dazu wäre zu erwähnen, daß ich im Grunde meines Wesens mehr Einzelgänger als Gesellschaftsmensch bin. Auch heute noch.

Ich war und bin gerne mit meinen Freunden zusammen, – aber nur für eine bestimmte Zeit.

Wird diese überzogen, so fühle ich mich dann beengt und unbehaglich, es steigert sich, und ich bekomme einen »dicken Hals«.

Als Kind hatte ich keine Hemmungen, beim Erreichen des »kritischen Punktes«, mich von jetzt auf gleich aus der Gruppe auszuklinken, um allein durch die Gegend zu streifen, um dann möglichst auf einem

Baum oder am Bach meinen Gedanken nachzuhängen.

Dabei kam es dann des öfteren vor, daß ich mich so weit vom Städtchen entfernte, daß ich bei meinen »Meditationen« die Kirchenglocken überhörte und vor allem im Sommer jedes Gefühl für die Zeit verlor.

Ergebnis, ich kam dann viel zu spät zum Abendessen nach Hause.

Da meine Mutter meinen Unternehmungsgeist nur allzu genau kannte, so war sie zunächst in größter Sorge.

Kam ich, meist ohne Kratzer, aber fast immer badebedürftig nach Hause, so atmete sie zunächst tief und erleichtert durch, um dann in einem gehörigen Donnerwetter ihren Frust loszuwerden.

Selbst meine Oma sparte ab und zu nicht mit deftigen Worten.

Mein Opa hingegen blickte meist nur über seine Lesebrille und sah dem Theater unterschwellig amüsiert zu. Das gab mir in solchen Situationen mächtigen seelischen Halt.

Mutter und Oma konnten nie begreifen, daß in meiner Verspätung keinerlei böse Absicht zugrunde lag, sondern nur meine gewisse Verspieltheit und Träumereien.

Kurz und gut, da alles Schelten, ja Backpfeifen nichts nützten, wurden strengere Saiten aufgezogen.

Ich wurde gewaschen und mußte ohne Essen ins Bett, aber nicht in das hintere Schlafzimmer der Wohnung, sondern allein einen Stock höher ins Bodenzimmer.

Welch ein Glück für meinen krachenden Magen, denn hier lagerte der Hundekuchen für den Jagdhund.

Wie der Zufall so spielt, dieser Bestand ging zu Ende, und der Nachschub war noch original verpackt.

Zunächst ereignete sich nichts, aber als dann die neue Schachtel sofort stärker abnahm, als von meinem Opa weggenommen wurde, lag eines Tages in Butterbrotpapier verpackt eine dicke Scheibe Brot im Karton.

Da ich nicht jeden Tag nach oben verbannt wurde, war sie inzwischen zwar trocken, aber auf jeden Fall schmackhafter als der steinharte Hundekuchen.

Diese heimliche Versorgung durch meinen Großvater funktionierte solange, wie ich diese Strafmaßnahme aufgebrummt bekam.

Wir haben nie ein Wort darüber verloren.

Zu dieser Zeit gab es in den Flüssen noch viele Fische. Jüngere Mitbürger können sich nicht im entferntesten vorstellen, wie das einmal im allgemeinen aussah.

Stand man auf irgendeiner Brücke, konnte man im Wasser hunderte von Fischen sehen, welche sich in allen Größen im Fluß tummelten.

Stand man am Ufer, sah man sie natürlich ebenfalls in einer heute unglaublichen Anzahl. – Und auch wir sahen sie!

Aber woher sollten wir Angelzeug bekommen, wenn nicht »organisieren«.

Wer von meinen Freunden es schaffte, weiß ich heute nicht mehr, aber eines Tages hatten wir ein paar Angelhaken, und welch ein Wunder, auch ein paar Meter einer richtigen Angelschnur.

Den Schwimmer mußten wir uns aus einem Korken und einer Taubenfeder selbst basteln, was kein Problem war. Noch schnell eine lange Haselnußrute geschnitten, eine Dose mit Würmern gefüllt, und ab zur Wörnitz (Fluß).

Wir lernten sehr schnell, daß zwischen Fische sehen und Fische fangen ein gewaltiger Unterschied bestand.

Außerdem konnten wir nicht da fischen, wo wir die meisten Fische sahen, wir mußten uns ja verstecken, denn wir wußten ganz genau, daß man uns den Hosenboden kräftig spannen würde, falls wir erwischt würden.

Dazu kam, wir wollten sie nicht nur fangen, sondern auch am Spieß braten.

Ein paar kleinere Fische bissen an, und wir konnten sie auch an Land bringen.

Nun mußten wir sie braten. Also rüber in Richtung Öttinger Forst, trockenes Holz sammeln und an einer versteckten Stelle versuchen, ein Feuer in Gang zu bringen.

Wie es so im allgemeinen ist, plötzlich waren größere Wolken da und damit die Brenngläser nutzlos, – Also warten. Es wurde langweilig, … stinklangweilig!

Irgendwie schafften wir es doch noch, aber wir hatten nicht an Salz gedacht, und ohne schmeckten sie nicht.

Das wollte zwar keiner zugeben, und so würgten wir mehr oder weniger die innen teils halbrohen und außen verbrannten Fischchen runter.

Dies war der erste und letzte Versuch, dazu das Risiko erwischt zu werden, es reichte uns.

Zu dieser Zeit kam bei uns das Weitwerfen mit Lehmkugeln auf. Wie das geht?

Wir besorgten uns dünne Haselnußruten von etwa 70–80 cm. An der Spitze wurde ein kleiner Lehmkloß festgedrückt, und schon war das Wurfgerät einsatzbereit. Damit erreichten wir Wurfweiten bis zu 200 m, vielleicht auch darüber.

Was zunächst fehlte, war Übung, um damit auch einigermaßen zielgenau zu werfen. Also übten wir in der Lehmgrube der Ziegelei.

Der einzige Nachteil bei dieser Art von »Bewaffnung« war die Schwere des Wurfmaterials, und vor allem der weite Weg zur Lehmgrube.

Deshalb dauerte die Zeit dieser »Freizeitbeschäftigung« zur Freude der Hunde, Katzen und Vögel aller Art (bis hinauf zum Storch) nur ein paar Wochen.

Es ging trotz ein paar unfreiwillig getroffener Fensterscheiben auch für unsere Hosenböden gut ab, da uns niemand in Verdacht hatte.

Einesteils bekamen die Erwachsenen gar nicht richtig mit, daß wir die Haselnußstecken als verlängerte Wurfarme einsetzten. Es gab nur einen dumpfen Aufschlag-Plop, wobei der Lehmkloß meist noch irgendwo festklebte. Außerdem waren wir meist so weit vom Ort des Geschehens, daß wir außerhalb jeden Verdachts waren.

* * *

Es wurde Sommer 1944, und ich mußte zur Oberschule nach Öttingen. Es lag zwölf Kilometer von Wassertrüdingen entfernt, und ich mußte mit dem Zug fahren. Jetzt begann der wirkliche Schulstreß.

Der Direktor unterrichtete uns in Mathematik und griff bei uns Jungen wieder zum Haselnußstock. Zudem mußte ich sehr früh aufstehen, denn wegen der Kriegszeit fuhren die Züge im Sommer frühmorgens, mittags, und ab Spätherbst wegen der Tiefflieger nur noch bei Dunkelheit.

Im kalten Winter saßen die bahnfahrenden Schüler nach Ankunft des Zuges in Öttingen, von etwa 6.45 Uhr bis 7.40 Uhr im ungeheiztem Wartesaal, denn die Schule wurde erst gegen 7.50 Uhr geöffnet.

Der Unterricht ging bis zwölf Uhr, und bis etwa Oktober 1944 fuhr der Zug in Öttingen ein paar Minuten nach zwölf ab. Der nächste dann erst gegen Abend.

Das hieß, wir mußten den ca. einen Kilometer langen Schulweg vom Schloß bis zum Bahnhof mit der Büchertasche in der Hand, in etwa fünf Minuten absolvieren.

Schafften wir das nicht, mußten wir uns bis zur nächsten Abfahrt ein paar Stunden in Öttingen aufhalten oder die zwölf Kilometer nach Hause laufen.

Bis auf die Englisch-Lehrerin ließen alle Professoren die sieben auswärtigen Schüler, welche per Zug kamen, fünf Minuten früher gehen.

Sie hingegen machte keine Ausnahme, im Gegenteil, oft überzog sie noch etwa ein, zwei Minuten.

Obwohl wir uns die Lunge aus dem Hals rannten, klappte es des öfteren mit dem Zug nicht mehr. Wir haßten sie.

Nach heutigen Begriffen war das, was sich auf den letzten Metern im Bahnhof selbst abspielte, abenteuerlich.

Damals gab es noch auf jedem Bahnhof eine Bahnsteigsperre. In Öttingen war der Eingang ganz hinten und damit für uns im Kampf um die Sekunden viel zu zeitraubend.

Deshalb warfen wir kurz entschlossen vorne unsere Büchertaschen über die Absperrung und kletterten einfach darüber, um wenigstens noch auf den Zug aufzuspringen.

Die Lokführer und das Bahnhofspersonal hatten

sehr schnell heraus, daß wir stets keuchend angerannt kamen und uns durch nichts aufhalten ließen.

Selbst die fällige Gardinenpredigt mit angedrohten »Watschen« am anderen Morgen danach nahmen wir gelassen in Kauf, denn mittags kletterten wir notfalls wieder über die Sperre und sprangen auf den Zug auf.

Also machte das Personal aus der Not eine Tugend und öffnete für uns ein vorderes Tor, welches ca. 30 m vor dem Einlaß lag und für den Güterverkehr eingebaut war. Das sparte uns nötige Sekunden, denn wir verloren ohne Kletterei keine unnötige Zeit.

Waren wir noch nicht da, so pfiff der Lokführer vor der Abfahrt ein paarmal und fuhr mit dem Zug sehr, sehr langsam bis zum Ende des Bahnsteiges, um uns das Aufspringen noch einigermaßen gefahrlos zu ermöglichen, falls wir noch auf den Bahnsteig stürmten.

Im nachhinein habe ich heute den Verdacht, der Zug fuhr in Öttingen, dank des Fahrdienstleiters (ausgestattet mit einer roten Mütze), ab einer bestimmten Zeit mit 2 - 3 Minuten »Verspätung« ab.

Trotz allem, ein paarmal fehlten uns doch ein paar Meter, um aufzuspringen.

Noch heute sehe ich die verzweifelten Blicke meines Schulfreunds »Dutterer«, so war sein Spitzname, wie er vielleicht um fünfzig Zentimeter den Griff des letzten Wagens nicht mehr erreichte und alleine zurückbleiben mußte.

Es waren harte Zeiten, aber wir kannten es nicht anders.

Als die Front näherrückte und die Tieffliegerattacken sich dramatisch häuften, fiel der Mittagszug ersatzlos aus.

Da zunächst keiner von uns ein Rad hatte, wurden wir jetzt mittags im Internat verpflegt.

Hier mußten wir die Hausaufgaben machen, um dann abends mit dem Zug nach Hause zu fahren.

Bei schönem Wetter verzichteten wir öfters auf das Mittagessen und liefen die zwölf Kilometer nach Hause, machten die Hausaufgaben, um wenigstens danach noch etwas mit den Freunden zu spielen.

Es war zur Zeit der Heuernte 1944. Meine Mutter mußte an einem Wochenende Dienst als Erntehelferin machen, und ich half mit.

Wir halfen einer alleinstehenden Bäuerin aus Gerolfingen, welches ein paar Kilometer von Wassertrüdingen entfernt am Hesselberg lag.

Außer ein paar landwirtschaftlicher Produkte für unsere Erntehilfe hatten wir ihre Zusage, daß ich für eine gewisse Zeit am Wochenende einen Liter Milch holen konnte. Das funktionierte ein paarmal ohne Probleme.

Als ich eines Tages mit dem Rad meines Großvaters losfuhr, traf ich auf der Straße meinen drei Jahre jüngeren Vetter Manfred.

Da er allein war und nichts vorhatte, so lud ich ihn ein, auf dem Gepäckträger mitzufahren, was er auch tat. So hatten wir beide unsere Unterhaltung.

Als ich mit der Milch Gerolfingen verlassen wollte, standen am Ortsausgang etwa sechs Gleichaltrige auf der Straße, welche uns, warum auch immer, leicht erkennbar einen »unbekannten« Empfang bereiten wollten.

Als erstes ließ ich meinen Vetter absitzen und gab ihm die Milchkanne. Dann schob ich das Rad noch etwas weiter und wartete auf das Unheil, welches rasch auf uns zukam.

Zu unserer Rettung verhalf uns ein kleiner Rest

eines morschen Zauns, welcher neben der Straße verfiel.

Ich warf das Rad um, rannte zum Zaun und trat kräftig mitten in eine Zaunlatte hinein, und sie brach durch. Dann riß ich das obere Teil davon los und rannte, die vorstehenden Nägel vorwärts gerichtet, laut schreiend, dabei wüste Drohungen ausstoßend und zu allem entschlossen, auf die Burschen los.

Sie waren vollkommen überrascht und hatten zudem nichts in Händen. Sie liefen wie die Hasen, und ich konnte sie auf der Hauptstraße ein ganzes Stück zurück ins Dorf jagen.

Jetzt aber mußte ich zurück.

Mein Glück war meine Schnelligkeit und meine Ausdauer. Der Vorsprung reichte aus, das Rad aufzuheben, meinem Vetter die Kanne abzunehmen und aufsteigen zu lassen, selbst aufzusteigen, und nichts wie weg.

Keine Sekunde zu früh. Die Burschen waren wieder hautnah da, und wir verließen den Ort Schlangenlinien fahrend unter einem Steinhagel.

Nach ein paar Metern konnte ich die Zaunlatte, welche ich für alle Fälle noch zwischen den Zähnen trug, in den Straßengraben werfen und erleichtert aufatmen.

Wir hatten das Abenteuer unverletzt überstanden und vor allem, die Kanne war noch voll.

Nur meine Mutter wunderte sich, daß ich von da ab keine Milch mehr brachte. Die Bäuerin war einfach »nie mehr zu Hause«.

Ich vertrieb mir indessen lieber die in Frage kommende Zeit etwas außerhalb von Wassertrüdingen, denn ein zweites Mal wollte ich nicht mehr das Risiko einer Begegnung mit den Bürschchen eingehen.

Nun wird sich so mancher Leser denken, dem Früchtchen graute es vor gar nichts. Irrtum, – Gewitter trafen mich ins Mark.

Schon beim ersten leisen Donnergrollen fand ich mich zu Hause ein. Meine Mutter und Großmutter wußten dann Bescheid, obwohl sie das nahende leise Donnergrollen noch gar nicht vernommen hatten. »Aha, ein Gewitter ist im Anmarsch.«

Wurde es dann heftiger, so verkroch ich mich unter Großvaters Schreibtisch mit je einem Kissen auf den Ohren und die Augen fest zugepreßt.

Ich glaube, ich hätte gebissen, hätte jemand versucht, mich unter dem Tisch hervorzuholen.

Diese irrsinnige Angst verlor sich erst mit etwa vierzehn Jahren, und später liebte ich es sogar, im Auto zu sitzen und dem ganzen Spektakel mit all seiner Schönheit zuzusehen.

Etwa Ende September, Anfang Oktober 1944 nahmen uns einmal ein paar ältere Freunde mit, um auf den Wiesen neben der Wörnitz »Mäuse zu gießen«.

Um diese Zeit waren die Wiesen abgemäht und das Gras sehr kurz.

Spätnachmittags, es dämmerte bereits, stellten wir uns mit einer vollen Gießkanne mucksmäuschenstill mitten auf eine Wiese und beobachteten. Nach ein paar Sekunden rannte eine Maus über die Wiese, um sofort wieder in einem Loch zu verschwinden.

Nichts wie hin und in dieses Loch Wasser gießen, bis es voll war. In kürzester Zeit erschien die »gebadete« Maus, und wir mußten sie nur noch mit einem Handschuh packen.

Dann wurde sie in eine große Zigarrenkiste mit einem kleinen Loch gesteckt, welches natürlich sofort wieder verschlossen werden mußte, und auf das nächste Opfer wurde Ausschau gehalten.

Es dauerte höchstens fünfzehn Minuten, und die großen Jungs hatten mindestens zehn Mäuse zusammen und gingen. Was sie damit machten, wußten wir nicht.

Wir jedoch hatten etwas Neues. Damit mußte sich doch was anfangen lassen.

Als erstes fiel uns folgendes ein:

Katzen gab es im Ort in jeder Menge. Sie ließen sich auch auf den Arm nehmen, aber leider nicht lange genug. Beim ersten Mal hatten wir zwar Mäuse in der Schachtel, aber keine Katzen.

Also mußten wir uns in der Folge teilen, wollten wir das geplante Vorhaben ausführen.

Einige mußten die Katzen »besorgen«, die anderen die Mäuse.

Wir brauchten ein paar Anläufe, bis wir genügend Mäuse und Katzen zusammen hatten.

Wir gingen jetzt mit den Katzen zum geschlossenen Hof des »Eulen-Wirtes«. Hier kletterten wir auf die Mauer, warfen die Katzen in den Hof und dann die Mäuse zwischen sie.

So verdutzte Katzen hatte ich noch nie gesehen, als sie plötzlich mit mehr Mäusen zu tun hatten, als sie vermutlich zusammen je auf einmal gesehen hatten.

Soweit ich mich erinnern kann, kamen die Mäuse bei diesem »Spiel« gut weg, und der Wirt hatte ein paar mehr in seinem Bestand.

Der Zeitaufwand, um die Katzen zu fangen, war sehr schnell zu groß, und wir ließen uns was anderes einfallen.

Die Zigarrenkiste war gut gefüllt, und wir zogen los. Der Vespergottesdienst hatte gerade angefangen, alle frommen Kirchgänger waren in der Andacht gerade beim Singen und das Wichtigste – niemand war auf der Straße zu sehen.

Schnell die Kirchtüre einen Spalt weit auf, die Kiste möglichst weit in den Mittelgang geschliddert, und nichts wie weg.

Der fromme Gesang brach schlagartig ab, die Frauen kreischten in den höchsten Tonlagen, während wir nach allen Richtungen davonrannten, was die Beine hergaben.

Eigentlich müßte uns bei unserer wilden Flucht jemand gesehen haben, aber alles blieb ohne Folgen.

Vermutlich werden manchmal Erwachsene zu heimlichen Verbündeten und denken an ihre Kinderzeit mit ähnlichen Streichen zurück.

Etwa zur gleichen Zeit, es gab schon Äpfel und Nüsse, brachte ein Freund aus der Clique eine wunderschöne Nikolausmaske mit einem lachenden Gesicht und prächtigem weißen Bart mit.

Zunächst wollten wir damit den Erwachsenen Angst einjagen, was natürlich nicht funktionierte, und nur mit der Maske herumzulaufen, war mehr als langweilig.

Also was tun? Wer auf die Idee kam, damit in den Kindergarten zu gehen, um Nikolaus zu spielen, ist mir entfallen.

Das Ganze sollte stilgerecht ablaufen, also brauchten wir Äpfel, und wenn möglich auch Nüsse.

Benötigen ist eine Sache, haben eine andere. Es dauerte einige Zeit, bis wir an ein oder zwei häusliche Keller herankamen und die Apfelregale plündern konnten.

Schließlich hatten wir, ohne daß es aufgefallen wäre, etwa 15 bis 20 Äpfel und ein paar Nüsse im ebenfalls »organisierten« Sack.

Dann schnitten wir mit unseren Taschenmessern ein paar Zweige, und fertig war die Rute.

Jetzt stand die wichtigste Frage an: Wer macht den Nikolaus?

Obwohl die Kindergärtnerin, soweit ich mich erinnern kann, höchstens Mitte Zwanzig war, hatten wir vor ihr einen gehörigen Respekt.

Da vermutlich ich die Idee des Besuches hatte, kam ich wahrscheinlich auch nicht umhin, den Nikolaus zu machen, denn ich bekam Maske, Rute und Sack, und wir zogen schließlich los.

Damals war der Kindergarten im Schloß von Wassertrüdingen untergebracht. Der Eingang gleich rechts, und hier wieder rechts im ersten Zimmer. Der Fluchtweg für uns also äußerst günstig.

Davor standen wir nun. Ich als Nikolaus in meinem grünen Lodenmäntelchen, welches die damals allgemeinübliche Kapuze hatte.

Die Maske über das Gesicht, dann die Kapuze hochgeschlagen, und es konnte losgehen.

Wir klopften polternd an, und zumindest mein Herz polterte mächtig mit, denn wie der Empfang ausfallen würde, war völlig offen.

Trotz des Miniatur-Nikolauses waren die Kinder ob des ungewöhnlichen Besuches ziemlich eingeschüchtert. Die Kindergärtnerin machte jedenfalls gute Miene zum Spiel, und wir wurden mutiger.

Also zog ich ein ähnliches Spielchen ab, welches ich als Kind selber ein paarmal erleben durfte.

Es ging solange gut, bis ich zum Schluß meiner »Aufführung« die Äpfel und die Nüsse aus dem Sack schüttete.

Das war einem Dreikäsehoch zu mickrig, und er wurde frech. Das hatte mir gerade noch gefehlt.

Da er uns hinlänglich bekannt war, und auch sonst unsere Kreise des öfteren sehr unangenehm störte, zog ich ihm als erstes mit der Rute eine über.

So schnell konnte er gar nicht reagieren, wie ich ihm außerdem den Sack überstreifte, sofort anzog und ihn damit von den Füßen holte.

Dann versuchte ich ihn mit dem Sack zu schultern.

Die glücklichen Umstände ergaben den weiteren Verlauf, denn wir standen an der Tür, die Kindergärtnerin jedoch auf der Gegenseite.

Hinzu kam, daß sie vermutlich ihren Augen ob des sich überraschend entwickelnden, spektakulären Geschehens nicht traute.

Jedenfalls reagierte sie im ersten Moment überhaupt nicht.

Meine Freunde um so schneller, denn zwei von ihnen packten die unteren Zipfel des Sackes, und ich konnte ihn schultern.

Einer riß die Türe auf, und los ging die wilde Jagd.

Raus aus dem Zimmer und ab ins Städtchen. Hinterher mit ein paar Metern Abstand die Kindergärtnerin.

Zu unserem Glück war sie etwas pummelig und nicht sehr durchtrainiert. Wir jedenfalls rannten mit dem schreienden Bürschchen wie um unser Leben.

Es muß ein Bild für die Götter gewesen sein.

Da rannten ein paar zehnjährige Lausbuben mit der hinterherhechelnden Kindergärtnerin durchs Städtchen. Einer davon hatte einen Sack auf dem Rücken, woraus zwei strampelnde Beine schauten und dazu das Gebrüll des »Gekidnappten«.

Im Eifer der Geschehnisse war mir die Maske halb

über das Gesicht verrutscht, ich konnte nur mit einem Auge sehen, aber einige zufällige Passanten konnten mich als »Hauptübeltäter«, sprich »Nikolaus«, erkennen.

Nach gut hundert Metern hatten wir das Spiel für uns entschieden, denn die Kindergärtnerin blieb erschöpft stehen. Uns hingegen trieb die Angst noch ein paar Meter weiter.

Als uns der Sicherheitsabstand groß genug erschien, schüttelten wir den kleinen Racker aus dem Sack, gaben ihm noch ein oder zwei Backpfeifen mit auf den Weg, und das war's dann.

Erst als wir wieder genügend Luft schnappen konnten, kamen wir dazu, uns nachträglich ob »unseres Sieges« zu freuen.

Wie schnell die Buschtrommeln in diesem Örtchen funktionierten, konnten wir dann sehr rasch feststellen. Wo wir uns ein paar Minuten später auch sehen ließen, die Erwachsenen lachten. So langsam verging uns das Lachen, denn was uns zu Hause erwartete, war vollkommen ungewiß.

Gerade als mein Großvater sich anschickte, mir eine Gardinenpredigt zu halten, konnte er sich das Lachen nicht mehr verkneifen, ja, er bekam einen regelrechten Lachanfall.

Zum Schluß sagte er noch: »Du Malefizloatschwanz«.

»Loatschwanz« war bei ihm je nach Tonfall Anerkennung oder Tadel. Malefizloatschwanz war aufgrund seiner damaligen Betonung höchste Anerkennung, gemischt mit Tadel. Damit konnte ich leben.

Da sich meine Mutter und Großmutter nicht weiter engagierten, fand die Angelegenheit ein »spannungsfreies« Ende.

In den Sommerferien fuhren meine Mutter und ich stets für ein paar Tage zu ihrer Cousine nach Kipfenberg ins Altmühltal.

Hier hatte ich schnell ein paar Freunde gefunden, mit denen ich spielte. Die meisten Spiele waren harmloser Art, wie Wasserrädchen bauen oder Rindenschiffchen schnitzen, welche wir dann im Bach aufstellten bzw. treiben ließen. Andere hingegen hatten mehr Lausbuben-Energie in sich.

Die folgenden Episoden fanden ausschließlich in Kipfenberg statt.

Das Altmühltal ist bekanntlich sehr romantisch. In Kipfenberg gibt es zwei dominante Punkte, die Burg und den Michelsberg. Sein Plateau liegt etwa 100 - 120 m über dem Ort.

Um hinaufzukommen, mußte man zunächst über einen serpentinenartig angelegten Pfad einen steilen Grashang hoch. Zuletzt ging es zwischen senkrechten Felswänden weiter. Von oben hatte man eine herrliche Aussicht über das ganze Tal.

Es verging kaum ein Tag, an dem ich nicht wenigstens einmal oben war. Da meine Spielkameraden oft den Aufstieg ablehnten, tat ich es dann eben alleine und träumte, von hier aus abzufliegen.

Wenn dies mir schon nicht möglich war, so wollte ich wenigstens zusehen, wie von dort oben etwas abfliegt.

Also fing ich mir zunächst ein Huhn und war überrascht, daß es nur zu einem Steilflug nach unten fähig war.

Ein paar Tage vergingen, und wir langweilten uns ein wenig.

In einiger Entfernung hielten sich ein paar Gänse

auf, und ich schlug vor, daß jeder von uns sich eine fängt und wir diese dann vom Michelsberg starten lassen könnten.

So recht zogen meine Freunde nicht, denn Gänse können sich ganz schön wehren. Als ich dann sinngemäß sagte, daß ich mir dann eben selbst eine fange, hinaufgehe und diese dann oben in die Luft werfe. Und überhaupt, sie wären lächerliche Feiglinge.

Das wollten sie dann wegen einer Gans doch nicht auf sich sitzen lassen.

Es war nicht einfach, die wütenden Gänse zu stellen, einzufangen und sie ruhigzustellen.

Zunächst mußten wir sie langsam von den Häusern weg und dann vorsichtig in die Enge treiben. Von da an wurde es schwieriger, als wir uns das vorgestellt hatten, denn Gänse können recht wütend werden.

Das erforderte einerseits unseren ganzen Mut, andererseits erleichterte es uns das Fangen, denn ein paar griffen uns mit weit vorgestreckten Hälsen wütend zischend an.

Das war ihr Fehler. Wir packten sie kurz entschlossen am Hals und warfen uns auf sie.

Es dauerte noch ein paar Sekunden, bis wir auch ihre schlagenden Flügel unter Kontrolle hatten.

Sie ergaben sich erstaunlich schnell in ihr Schicksal.

Wir hatten vier erwischt und stiegen, jeder wie ein Hans im Glück, so schnell es ging den Michelsberg hinauf.

Die Gänse im Arm wurden schwerer und schwerer, unsere Arme länger und länger. Wir wollten schon aufgeben, aber mit ein paarmal Hinsetzen brachten wir es doch noch zuwege.

Endlich oben angekommen, warfen wir sie über das Schutzgitter in die Luft.

Es war ein phantastischer Anblick, wie die Gänse mit trompetenartigem Schreien abflogen. Zunächst kreisten sie ziemlich orientierungslos über den Ort, bis sie die Altmühl erkannten und darauf landeten.

Herrlich!! Wir beschlossen, das so schnell wie möglich zu wiederholen, aber es kam nie mehr dazu. Keiner wollte es zugeben, die Mutprobe und die Anstrengungen waren einfach zu groß.

Uns war strengstens verboten, beim Auf- oder Abstieg des Michelsberges, Steine über den damals kahlen Grashang abzulassen. Was verboten ist, hat bekanntlich seinen besonderen Reiz.

Lange kämpfte ich gegen die Versuchung an, aber eines Tages, als ich alleine aufstieg, ganz ohne Zeugen, wagte ich es.

Um ja nicht gesehen zu werden, stieg ich fast bis zu den Felswänden hoch. Nach dem Motto: Wenn schon, denn schon, suchte ich mir einen gut kopfgroßen, möglichst runden Steinbrocken und ließ ihn abrollen.

Was dann kam, hatte ich nicht erwartet.

Der Stein wurde schneller und schneller und sprang, teils mit meterhohen Sätzen, durch die Luft.

Auf einem Buckel schlug er etwas seitlich auf und bekam dadurch einen neuen, nach rechts gerichteten Weg in Richtung des damaligen Krankenhauses.

Unten angekommen, übersprang er zunächst mit einem hohen Satz die Straße, kurz darauf einen maroden Lattenzaun, um dann mit einem fürchterlichen Knall ausgerechnet durch eines der Fenster des Krankenhauses zu fliegen.

Ich hörte noch einen schrillen Schrei, und dann war lähmende Stille.

Was er dort anrichtete, weiß ich nicht, da ich wohlweislich nie danach fragte. Menschen kamen aber offensichtlich nicht zu Schaden, sonst hätte ich davon gehört. Vermutlich nahm man an, daß sich der Stein selbst gelöst hatte.

Nach dem Einschlag machte ich mich sofort aus dem Staub.

Zunächst oben am Hang entlang, dann durch den Wald, jedenfalls möglichst weit vom Ort entfernt.

Nach gut zwei Kilometern kletterte ich im Wald auf eine alte Buche, welche mit ihrem Wuchs einen größeren Felsen gesprengt hatte oder dazwischen einfach hochgewachsen war. Hier oben fühlte ich mich sicher.

Beim Runterklettern rutschte ich mit meinen Holzsandalen auf einem der dickeren unteren Äste aus, konnte wegen deren Umfang nicht richtig zupacken, verlor den Griff und flog in diesen Felsspalt. Hier verkeilte ich mich in Seitenlage.

Jetzt war ich in echter Gefahr, zumindest bildete ich es mir ein, denn ich konnte mir ausrechnen, daß mich hier so schnell keiner finden würde.

Unter mir war der Boden gut einen Meter entfernt. Etwa genauso weit die obere Kante und kein Griff in den glatten Seitenwänden. Rufen wäre zwecklos gewesen, da ich viel zu weit vom Ort war.

Komischerweise geriet ich nicht in Panik. Es dauerte lange, bis ich den Ausweg fand.

Es ging mit einer gewissen Atem- und Klemmtechnik von Armen und Beinen. Langsam konnte ich mich drehen, um dann Zentimeter um Zentimeter dieser Falle zu entkommen.

Dieses Abenteuer kostete mich dank meines Schutzengels nicht einmal einen blauen Flecken.

* * *

In den Sommerferien 1944 hatten wir bereits ziemliche Bestände an Gewehr- und Kleinkaliberpatronen.

Fragen Sie mich nicht, wie das möglich war, denn auch damals war es strikt verboten, daß Kinder an Munition herankamen.

Trotzdem, wir hatten ein paar Dutzend Platz- und scharfe Patronen als geheime »Beute«.

Eines Tages steckte ich eine vermeintlich harmlose Platzpatrone beim Sägewerk in die Ritze eines Balkens und schlug mit einem Steinbrocken auf das Zündhütchen.

Da der Stein ziemlich uneben war, blieb zunächst das Zündhütchen heil, ich trieb lediglich die Patrone tiefer und tiefer in den Spalt.

Sie war schon fast zu tief im Spalt, als sie doch noch zündete und das Ganze mit einem Knall explodierte.

Meine Hand war gespickt mit Holzsplittern und hatte leichte Ähnlichkeit mit einem Igel. Glücklicherweise konnte ich die Splitter ohne größere Probleme selbst herausziehen.

Größerer Schaden blieb aus, denn keiner der Metallsplitter der Patrone ging in meine Richtung.

Dieses Naherlebnis mit Munition reichte mir. Was ich zu Hause meiner Mutter in bezug auf meine mit Wunden übersäte Hand sagte, kann ich heute nur raten.

Ein beliebtes Spiel war, diese Patronen, kurz bevor der Zug kam, auf die Schienen zu legen. Meist machten wir das weit außerhalb des Ortes, aber eines Tages mit ein paar scharfen Infanteriepatronen am Dorfrand.

Neben dem Gleis pickten ein paar Hühner mit ihrem Hahn im Gras. Sie ließen sich von unserer Anwesenheit nicht sonderlich stören.

Der Zug kam, es knallte ein wenig, der Hahn machte flügelschlagend einen Satz nach oben, fiel ins Gras zurück und rührte sich nicht mehr.

Wahrscheinlich traf ihn ein Metallsplitter der gequetschten Patrone am Kopf. Wir jedenfalls verdufteten so unauffällig wie möglich.

* * *

Bleiben wir noch in Kipfenberg, überspringen jedoch ein paar Monate bis zu den letzten Kriegstagen 1945.

Unmittelbar bevor die Amerikaner einmarschierten, beschloß mein Vater, die letzten Tage von meinen Großeltern in Wassertrüdingen, zu meiner Tante nach Kipfenberg umzusiedeln.

Im nachhinein erfuhr ich, daß er der Meinung war, daß Wassertrüdingen militärisch verteidigt wird, Kipfenberg hingegen nicht. Es lief genau umgekehrt ab.

Die Eroberung des Ortes verlief einigermaßen glimpflich, und die Lage beruhigte sich sehr schnell.

Die Amerikaner lagerten kurz danach am Bahnhof ihren Nachschub, welcher von zwei Posten rund um die Uhr bewacht wurde.

Wir hatten sehr schnell heraus, daß hier für uns alle Herrlichkeiten der Welt warteten.

Diese waren in wasserdichten, dick mit Wachs getränkten Kartons verpackt. Sie enthielten in erster Linie Kampfrationen.

Diese Wachskartons waren direkt an gestapelten Baumstämmen etwa zwei bis drei Meter hoch und vielleicht sieben Meter im Quadrat aufgeschichtet.

Das Ganze war mit Zeltplanen überdacht.

Nur einmal habe ich nach dem Krieg Baumstämme gesehen, welche noch in dieser ungewöhnlichen Form gestapelt waren, wie es damals in Kipfenberg der Fall war.

Die Stämme selbst waren rund drei Meter lang, etwa zwischen zwanzig und fünfundzwanzig Zentimeter dick.

Geschichtet waren sie einmal in Längs- und dann darüber in Querlage, wobei zwischen den einzelnen Stämmen wiederum jeweils rund fünfundzwanzig Zentimeter Abstand waren.

Eine Stapelreihe dürfte rund 2,50 m hoch gewesen sein. Zwischen den einzelnen Stapeln war ein Gang von etwa einem Meter.

Die Posten waren für uns kein Problem, denn sie rechneten nicht mit unserer schlangenhaften Kriechfähigkeit.

Sie standen meist links und rechts in rund zehn Metern Abstand vorne bei den Kartons und langweilten sich.

Bewaffnet mit unseren Taschenmessern quetschten wir uns von hinten durch die Zwischenräume der Stämme und »nagten« dann die Kartons an. Wir lebten wie die Made im Speck.

Je nachdem, welchen Karton wir erwischten, hatten wir von Zigaretten, diversen Lebensmitteldosen, Schokolade, Erdnußbutter in Großbüchsen, Kaugummi, Salm und Corned beef, bis hin zu den heißbegehrten Kampfrationen wie Breakfast, Dinner und Supper, so gut wie alles zur Verfügung.

Hier war Gemeinschaftssinn gefragt. Wir waren etwa 6–8 Buben und mußten eine Kette in dem Baumstammgewirr bilden, um jeweils möglichst effektiv und schnell eine »Tagesration« für jeden zu erbeuten.

Anschließend bei der Verteilung durfte es ebenfalls keinen größeren Streit geben. Es klappte hervorragend.

Meine Eltern staunten nicht schlecht, was ich da so alles nach Hause brachte. Meiner Versicherung, daß die Amis ganz einfach so freigiebig sind, wollten sie nicht so recht Glauben schenken.

Vor allem, daß wir einmal Zigaretten stangenweise geschenkt bekamen, traf auf völligen Unglauben.

Diese waren damals buchstäblich Gold wert, ja, ich könnte wahrheitsgemäß feststellen, es gab zu dieser Zeit eine inoffizielle Zigarettenwährung durch den aufblühenden Schwarzmarkt.

Also bequemte ich mich zu dem Eingeständnis, daß wir im Straßengraben vor dem Ort einen ganzen Karton davon gefunden hätten, welcher vermutlich von einem Lkw heruntergefallen sein mußte.

Ob sie etwas ahnten und nur schwiegen, ich weiß es nicht.

Dies ging ein paar Tage gut. Daß es auffiel, lag an unseren mangelnden Bergbaukenntnissen.

Wir höhlten die Kartons viel zu tief unten aus, und die oberen wurden mit der Zeit zu schwer. Glücklicherweise brach das ganze Schlaraffenland zusammen, als wir gerade nicht da waren.

Es muß sich kurz vor unserer erneuten Ankunft ereignet haben, denn als wir zu einem neuen Beutezug anrückten, sahen wir, wie eifrige GI's damit beschäftigt waren, den Stapel neu zu ordnen und vor allem mit einem gehörigen Abstand von den Baumstämmen. Rund dreißig leere Kartons wurden etwas später verbrannt.

Die Zusatzversorgung unserer Familien war schlagartig unterbrochen. Der »spendable« Truppenteil wurde zufälligerweise tags darauf verlegt, und es ergab sich eine natürliche Erklärung für den Beginn einer neuen delikatessenarmen Zeit.

Außerdem fuhren wir ein paar Tage darauf zurück nach Wassertrüdingen. Soweit die Episoden von Kipfenberg.

* * *

Es war kurz vor Weihnachten 1944, als ich endlich das Fahrrad meiner Mutter bekam. Da bis dahin keine Reifen zu bekommen waren, hatte mein Vater es im Keller unseres Nürnberger Hauses stehen lassen.

Jetzt bekam mein Vetter Werner ebenfalls das Rad seines Vaters, und wir konnten nach der Schule die zwölf Kilometer nach Hause fahren.

Etwa ab Februar 1945 mußten wir wegen der Tiefflieger, von denen einige auf alles schossen, was sie sahen, auf dem Heimweg öfter im Straßengraben Deckung suchen. Entsprechend sahen wir dann auch aus.

Zu was der Mensch in Todesangst imstande ist, habe ich auf einer dieser Heimfahrten erlebt.

Mein Vetter und ich fuhren meist mitten auf der Straße. Dadurch konnten wir, je nach Anflug der Jabos, im Straßengraben links oder rechts schneller Deckung nehmen.

Am fraglichen Tag hielten wir es ebenso und unterhielten uns. Wir waren derart ins Gespräch vertieft, daß wir nicht bemerkten, daß zwei Jäger im Tiefstflug frontal auf uns zurasten. Wir sahen und hörten sie erst, als sie höchstens noch sechshundert Meter entfernt waren.

Mir ist es noch heute ein Rätsel, wie ich vom fahrenden Rad aus dem Stand und in einem Satz den Straßengraben in gut drei Metern Entfernung erreichte und hier auf dem Bauch landete. Das hätte ich selbst auf dem Höhepunkt meiner sportlichen Laufbahn nicht annähernd geschafft.

Hier muß ich mich dann blitzschnell umgedreht haben, denn ich sah noch, wie mein Rad ein kleines Stück weiterfuhr und dann mitten auf der Straße umfiel.

Da rasten auch schon die Jäger mit einem Höllenlärm ein paar Meter neben der Straße, in Baumwipfelhöhe vorbei.

Es waren deutsche Me109-Maschinen, vermutlich auf dem Heimflug zum nahen Feldflugplatz Heuberg.

Im direkten Anflug von vorne hatten wir sie im ersten Schreck natürlich nicht erkannt.

Um Weihnachten 1944 war es bereits so kalt, daß genügend Eis auf den Weihern war, um Schlittschuh zu laufen.

Der »*Totenweiher*« gleich neben dem Friedhof war unser bevorzugter »Eishockeyplatz«. Wir spielten mit abenteuerlich gebogenen Ästen, und der Puck war meist nur ein Stückchen Holz.

Trotz dieser heute als indiskutabel anzusehenden Ausrüstung hatten wir jede Menge Spaß und verbrachten hier fast jeden Winternachmittag.

Der Grund für »Vertreibung« waren die Eismänner. Damals gab es noch große Kühlkeller, welche im Winter mit Eis gefüllt wurden und fast den ganzen Sommer ihren Dienst taten.

Sobald das Eis auf den Weihern etwa zwanzig Zentimeter dick war, wurde es in Stücke gesägt, auf Pferdefuhrwerken verladen und abtransportiert.

Zu Beginn der Arbeiten hatten wir noch einigermaßen genügend Spielfläche, aber das änderte sich rasch, zumal uns einmal die Burschen, welche das Eis sägten, ärgern wollten und eine Rinne quer durch den Weiher schnitten.

Dazu verspotteten sie uns obendrein.

Das wurmte mich gewaltig, und ich sann auf Rache, aber wie? Zum Verhauen waren sie viel zu groß. Warten wir's ab, mir sollte schon noch was einfallen.

Zunächst wichen wir auf den »Klingerweiher« aus. Er lag damals ein Stück weit vom Dorf entfernt sehr einsam und tieffliegergefährdet, da er so gut wie keine Deckung bot.

Abends als wir in der Spätdämmerung zurückgingen, kamen wir wieder am Totenweiher vorbei. Die Burschen hatten Feierabend, und vier Wagen waren für den Abtransport am nächsten Morgen hochvoll mit Eis bepackt.

Jetzt wußte ich, wie ich sie ärgern konnte, aber dazu mußte ich allein sein. Die Gefahr, daß einer bzw. eine der Spielkameraden/innen nicht dichthielt, war viel zu groß.

Also ging ich noch ein Stück mit meinen Spielgefährten, um mich dann zu verdrücken.

Zurück zu den Wagen, und alle Sicherungssplinte an allen Rädern herausgezogen, war eine Sache von ein paar Minuten.

Inzwischen war es schon fast dunkel geworden, und ich kam unbemerkt nach Hause.

Am anderen Tag war Schule, und als ich am Nachmittag die Wegstrecke der Fahrzeuge abging, sah ich den »Erfolg«.

Von vier Wagen hatten drei »Schiffbruch« erlitten. – Jeweils ein oder zwei Räder gingen ohne die Sicherungssplinte von der Achse. Die Spuren der Bruchlandungen waren deutlich zu erkennen.

Jetzt war es ratsam, den Klingerweiher über einen Umweg aufzusuchen.

Zwar hatte ich die Splinte etwas versteckt auf einem Haufen abgelegt, aber der Rache der Burschen wollte ich mich nicht aussetzen.

Zwei meiner unschuldigen Kameraden haben sie zwar kräftig am Schlafittchen geschüttelt, aber da sie offensichtlich nichts wußten, kamen sie einigermaßen glimpflich davon.

Um die gleiche Zeit kam triumphierend und grinsend ein Freund, Sohn eines Metzgers, mit einer für uns riesigen Mettwurst anmarschiert.

Er hatte Mühe, das Riesending unter seiner Jacke notdürftig versteckt, außer Haus zu schmuggeln.

Die ganze Rasselbande war noch nicht vollzählig, und deshalb waren wir nur fünf Buben.

Eine große Mettwurst von knapp fünfzig Zentimetern Länge und rund fünf Zentimetern Dicke für fünf Zehnjährige, dazu kein Brot, das hatten wir uns in unserer ersten Gier einfacher vorgestellt.

Da wir den anderen in dieser schlechten Zeit keinen Bissen gönnten, haben wir uns verdrückt und aßen und aßen und aßen – bis uns schlecht wurde und die gute Mettwurst wieder das Tageslicht erblickte.

Meine Mutter wunderte sich, daß ich plötzlich längere Zeit meine geliebte Mettwurst nicht mehr mochte. (Falls sie überhaupt eine mit den Lebensmittelkarten bekam.)

* * *

Zur Zeit der Schneeschmelze im Frühjahr 1945 gab es eines Tages reichlich Hochwasser.

Auf dem Heimweg von der Schule standen mein Vetter Werner und ich etwa einen Kilometer vom Städtchen entfernt vor der Entscheidung, entweder einen größeren, mühsamen Umweg über den Bahndamm in Kauf zu nehmen, oder mit den Rädern durch die überflutete Straße zu fahren.

Nachdem ich mich für den direkten Weg durchs Wasser entschloß, wollte mein Vetter allein den weiteren Weg nicht antreten, – sehr zu seinem Nachteil, wie sich gleich zeigen sollte.

Als ich losfuhr, sah das Ganze ziemlich harmlos aus. Ich hatte die kommende Tiefe und vor allem die Strömung unterschätzt.

Das Wasser wurde tiefer und tiefer, bis es etwa die Radnaben erreichte.

Wegen der starken Strömung hätten wir auf der Straße nur sehr schlecht wenden können, also nichts wie in die Pedale treten und durch.

Die Stiefelchen waren sowieso schon naß, was bedeutete, der Nachmittag war zumindest für mich gelaufen, denn ich hatte nur ein Paar Schuhe, und diese mußten bis zum Morgen wieder trocken sein.

Plötzlich hörte ich mitten im tiefsten Hochwasser hinter mir einen Schlag, einen Schrei, *Hubert, Hilfe!*, und ich sprang vom Rad ins reißende, eiskalte Hochwasser.

Was war geschehen?

Eine kleinere Eisscholle war kurz hinter mir über die Straße getrieben und traf ausgerechnet das Vorderrad meines Vetters. Es warf ihn vom Rad ins Wasser und spülte ihn über eine kleine Böschung in den Straßengraben.

Hier kam er wieder auf die Füße, und da stand er nun und hielt krampfhaft sein Rad am Lenker fest.

Infolge des gut knietiefen, stark strömenden Wassers war es für ihn, selbst ohne Rad, vollkommen aussichtslos, wieder auf die Straße zu kommen.

Glücklicherweise gab es damals an dieser Stelle Alleebäume. Zunächst mußte ich mein Rad sichern und lehnte es am nächsten Baum an.

Dann stapfte ich durch das Wasser zurück zu meinem Vetter, um ihn hochzuziehen, aber an der Kante zum Straßengraben wurde ohne Halt die Strömung auch für mich zu gefährlich.

Es bestand die Gefahr, daß ich bei dem Versuch, ihn hochzuziehen, ebenfalls weggespült werden würde.

Außerdem kamen immer wieder links oder rechts kleine und größere Eisschollen geschwommen. Absicherung nach hinten war unbedingt nötig.

Um ihn sicher hochzubringen, mußte ich einen Alleebaum zu Hilfe nehmen.

Das hieß, er mußte sein Rad in der Strömung ein paar Meter weiterschieben.

Am nächsten Baum stand jedoch mein Rad. Um Bewegungsfreiheit zu bekommen, mußte ich mit ihm zum übernächsten Baum stapfen und hier sicher anlehnen. Dann wieder zurück zu ihm.

Jetzt erst konnte ich mich sicher abstützen.

Natürlich mußte zuerst das Rad hoch, denn wie sollten wir das sonst nach oben bringen? Beides zugleich war infolge der Strömung unmöglich.

Als ich ihm das darlegte, hat er zwar mächtig protestiert, ihm gingen die kalten Füße und Unterschenkel sehr nahe. Außerdem war er durch »das kurze Bad« ziemlich durchweicht.

Also **zuerst** das Rad, **dann er**, da blieb ich hart,

denn ich konnte mir ausrechnen, daß die Gardinenpredigt ziemlich heftig ausgefallen wäre, sollten wir sein Rad verlieren. Schließlich war ich der Anstifter zur Durchquerung des Hochwassers.

Also kam jetzt das Rad hoch, und ich mußte es bei meinem Rad abstellen. Dann wieder zurück, und jetzt erst zog ich ihn hoch.

Glücklicherweise blieb trotz der kräftigen Taufe seine Büchertasche auf dem Gepäckständer. Der Inhalt sah allerdings entsprechend aus.

Nach der Durchquerung drückte ich, so gut es ging, meine Hose »trocken«, während mein durchweichter Vetter schleunigst nach Hause radelte.

So, was war jetzt zu tun? Nach Hause? Wo denken Sie hin? Da hätte man mich sofort ausgezogen und, wie vorherzusehen, für den Rest des Tages »eingesperrt« und meine Schuhe getrocknet.

Also mußte ich zumindest noch etwas Zeit herausschinden. Etwa eine Stunde müßte ohne größere Konsequenzen machbar sein.

Also nichts wie hin an eine Stelle, wo das Hochwasser etwas Aufregendes zu bieten hatte, zum Wehr am Turbinenhaus.

Wauoh, wie das hier tobte. Nachdem ich mir mit einigen Spielchen die Zeit vertrieb, wurde ich entdeckt und prompt verjagt.

Also nochmals an einer ungefährlichen Stelle ans Hochwasser, und da die Schuhe ohnehin naß waren, darin noch etwas herumgewatet, dann wurde es langsam Zeit, sich unter Mutters Fittiche zu begeben.

Um jeglichen Schwierigkeiten aus dem Weg zu gehen, begann ich die Begrüßung mit den Worten: *»Ich mußte den Werner retten, drum bin ich so naß geworden«*.

Nachdem ich das Abenteuer ausführlich erzählt hatte, vergaß meine Mutter ob der Gefahr, einen Zeitvergleich durchzuführen. Im Gegenteil, ich kam noch groß raus, wenngleich sie mir Vorhaltungen machte, warum wir nicht einen ungefährlichen Weg gewählt hatten.

Es gab aber keinen, das ganze Örtchen war in Richtung Öttingen von Hochwasser umgeben, und an den erhöhten Bahndamm dachte sie nicht.

Am gleichen Abend ertranken nur knapp zweihundert Meter von unserer Unglücksstelle drei Jungen meines Alters. Einer davon war mein vorjähriger Schulkamerad.

Sie sprangen im ruhigen und seichten Kehrwasser auf etwas größere Eisschollen und stakten hier auf und ab, bis sie offensichtlich übermütiger wurden, dabei in die Strömung gerieten, abtrieben und kenterten.

Wie war da erst meine Mutter froh, daß ihrem Sprößling nichts passiert war.

Meinen vorjährigen Banknachbarn zog man ein paar Tage später, als das Wasser zurückgegangen war, gerade zu der Zeit aus dem Bach, als wir auf dem Heimweg von der Schule hier vorbeikamen.

Der Schock über sein Aussehen war so groß, daß ich dieses Bild immer vor Augen habe, wenn von Ertrunkenen die Rede ist.

* * *

Als Kind waren meine Vorahnungen noch sehr gut ausgeprägt. In Öttingen lebte eine Nenntante von mir. Ihr Mann war ein leidenschaftlicher Hühnerzüchter.

Sie hatte meinen Vetter und mich eingeladen, einmal nach der Schule bei ihr vorbeizusehen und bei ihr gebratenes Hühnchen zu essen. 1944/45 in der Zeit der Lebensmittelkarten ein ausgesprochenes Festmahl.

Es war der 23. Februar 1945, ein sonniger Tag, und mein Vetter schlug vor, daß wir sie heute besuchen könnten.

Ich wollte aber partout nicht, mich trieb es buchstäblich fort von Öttingen, selbst auf die Aussicht hin, den ganzen Weg alleine zu fahren.

Es gab einiges Hin und Her, aber wir fuhren dann doch heim.

Nach etwa einer halben Stunde hörten wir die Luftschutzsirenen heulen, und nicht lange danach, kurz vor Wassertrüdingen kamen die ersten Bomberpulks.

Am Ortseingang stand der »Luftschutzwart«, eine Frau, und wollte uns nicht in das Städtchen lassen. Bei Luftalarm darf niemand mehr ins Städtchen, so lauteten die Vorschriften.

Da ich ohne ein Wort zu verlieren kurz entschlossen aufs Rad stieg und rechts in einen kleinen Wiesenweg einbiegen wollte, rief sie mich zurück, und wir konnten begleitet von ein paar »freundlichen Worten« passieren.

Kaum war ich daheim, so wummerte es kräftig, und da die Markierungsnebel der Bomber-Pfadfinder noch am Himmel zu sehen waren, wußten wir, daß Öttingen bombardiert wurde.

Tags darauf, der Schulbetrieb war eingestellt, fuhren meine Mutter und ich hin und erfuhren, daß meine Nenntante unter den vielen Toten war. Sie war gerade im Garten, als ein paar Meter neben ihr eine Bombe einschlug.

Als meine Mutter und ich etwas später das Städtchen wieder verließen, lag auf einem Wagen, welcher die Toten zu einer Sammelstelle brachte, vollkommen verdreckt mein Bankvordermann aus der Schule.

Wie so oft hatte mein Schutzengel wieder die Hand im Spiel. Wir wären sicher im gleichen Garten gewesen. Wo einst der große Hühnerstall stand, war jetzt ein riesiger Bombentrichter.

* * *

Es muß Ende April 1945 gewesen sein, als wir uns im Freibad »aufhielten«, welches damals noch kurz nach der zweiten Wörnitzbrücke lag.

Mitten in unseren Spielen kam ein Lastwagen der Wehrmacht, fuhr noch ein Stück weiter und hielt dann am Fluß.

Was wollen die Soldaten hier? Unsere Neugier war geweckt, und wir wollten zu ihnen hin, was ihnen aber nicht paßte, denn sie versuchten uns zu vertreiben. Dies gelang ihnen allerdings nur begrenzt.

Aus der Nähe konnten wir sehen, wie sie allerlei Gerätschaften ins Wasser warfen. Zuletzt folgten noch ein paar Kisten, und weg waren sie.

Hm, was haben die Soldaten da alles hineingeworfen? Das wollten wir genauer wissen.

Vor allem die Kisten hatten unsere höchste Neugier entfacht, und da sie offensichtlich schwer waren, konnten die Soldaten sie nur in Ufernähe versenken, den Rest wesentlich weiter in der Flußmitte.

Ein oder zwei Tage später pilgerten wir dann ausgerüstet mit einem »geliehenen« Seil an diese Stelle.

Nun sind Wille und Erfolg meist zwei Paar Stiefel. Es war Ende April und das Wasser noch lausig kalt. Außerdem war an der in Frage kommenden Stelle die Wörnitz rund zwei Meter tief.

Wer schon einmal in einem höchstens elf Grad kalten Wasser gebadet hat, der weiß, was uns bevorstand. Kurz formuliert, diese Art zu baden war schlichtweg abartig.

Unsere Neugier jedoch war größer als die Abscheu vor dem kalten Wasser.

Hinzu kam, damals gab es noch keine Taucherbrillen, und das Wasser war trüb. Wir mußten unter Wasser jedesmal wieder die Kisten suchen, bevor wir das Seil einigermaßen festhatten, um uns dann daran orientieren zu können.

Die ganze Aktion dauerte länger, als uns lieb war.

Zwischen den einzelnen Tauchgängen tanzte der jeweilige Taucher, nackt wie Gott ihn schuf, am Ufer herum, um sich wieder einigermaßen zu erwärmen.

Viel zu schnell war man selbst wieder an der Reihe. Es war aber nie die Rede davon aufzugeben.

Endlich hatten wir das Seil um eine der Kisten befestigt und konnten sie ans Ufer ziehen. Dabei schlotterten wir vor Kälte und Aufregung bis hinunter zur kleinen Zehe.

Als wir sie aufbrachen, trauten wir unseren Augen nicht. Darin waren drei oder vier nagelneue Infanteriegewehre in Ölpapier eingepackt. Außerdem ein Kleinkalibergewehr, allerdings war hier der Schaft abgeschlagen.

Dazu fand sich schachtelweise die passende Munition. Als Krönung enthielt die Kiste eine Panzerfaust und fünf oder sechs Eierhandgranaten.

Wir konnten unser »Glück« gar nicht richtig fassen. Wir hatten richtige Gewehre!

Das war etwas anderes als unsere Fantasiegewehre in Form von zugeschnitzten Brettern oder gar nur Haselnußstecken.

Booah, was für ein Wucht! Wir fühlten uns als ganze Kerle.

Heiha, wir waren bewaffnet und konnten richtig schießen. *Jujujui* – großes Indianergeheul.

Diese Schätze mußten schnellstens versteckt werden.

Die Handgranaten und die Panzerfaust waren uns dann doch zu suspekt. Glücklicherweise ließen wir sie in unserem Geheimdepot links liegen.

Welch ein immens großes Glück wir hatten, daß uns die vermutlich im Lauf gut eingefetteten Gewehre, und von uns natürlich nicht gereinigten Gewehre, beim ersten Schuß nicht um die Ohren flogen, ist mir heute unbegreiflich.

Vom Kleinkalibergewehr war der Schaft knapp hinter dem Abzug abgebrochen, und das sollte noch tragische Folgen haben.

Gerade mit diesem »Gewehr« schossen wir, nachdem wir die scharfen Bruchspitzen mit einem Taschenmesser abgerundet hatten, am liebsten.

Mit ihm war der Rückschlag für uns Zehnjährige nicht so brutal, wie mit den Infanteriekarabinern.

Es ist mir immer noch schleierhaft, wie lange wir uns mit diesem aufregenden »Spielzeug« in relativer Dorfnähe beschäftigen konnten, ohne daß wir irgendeinem Erwachsenen auffielen. Vielleicht lag es daran, daß die meisten Männer im Krieg waren, viele der jüngeren Frauen tagsüber für Stunden einen Arbeitseinsatz leisten mußten, und die Älteren kamen möglicherweise gar nicht auf die Idee, daß wir scharfe Waffen hatten.

Unser Lieblingsschießplatz war ein ehemaliger Altwasserarm der Wörnitz. Er wurde vom Dorf als Müllkippe benützt und lieferte uns die entsprechende

Menge Flaschen, Dosen und Blecheimer, welche wir als Ziele brauchten.

Diese stellten wir am gegenüberliegenden Ufer auf und schossen Richtung Öttinger Forst, welcher nach etwa 150 m begann.

Nur einmal machten wir es umgekehrt, vermutlich weil uns am gegenüberliegenden Ufer langsam die Zielobjekte ausgingen. Wir schossen Richtung Städtchen, Richtung Schloß.

Das Ganze hatte nur einen Haken. Vor dem Schloß lag die sogenannte Bürg, und darauf kampierten inzwischen die Amerikaner. Sie lagen damit genau in unserer Schußrichtung in etwa einhundertfünfzig Metern Entfernung über der Wörnitz. Wir hielten das offensichtlich für weit genug.

Im Lager quäkten ein paar Lautsprecher mit hoher Lautstärke, und so hörten sie zunächst nicht die etwas gemäßigteren Abschüsse des Kleinkalibergewehrs.

Bei den großen Karabinern war uns inzwischen die Munition ausgegangen, oder wir hatten nur noch ein paar Patronen, jedenfalls »vergnügten« wir uns an diesem Tag nur mit dem Kleinkalibergewehr.

Wir schossen zunächst abwechselnd auf die Dosen und Büchsen und trafen auch alle. Deshalb jagten die Kugeln vermutlich gar nicht viel weiter. Erst als der erste Querschläger durchs Lager jaulte, wurden die Amis wach – und wie.

Es gab ein großes Geschrei, und da einige in ihre Jeeps sprangen, welche je mit einem Maschinengewehr bestückt waren, rannten wir, was das Zeug hielt in den Forst.

Warum sie nicht auf uns feuerten, weiß ich nicht, denn es war erst ein paar Wochen nach Kriegsende und der »Werwolf-Wahn« noch hoch aktuell.

Vielleicht brachten sie uns mit dem Querschläger gar nicht in Verbindung und suchten den »Feind« irgendwo am Waldrand. Das Kleinkalibergewehr war ohne Kolben sehr kurz. Vielleicht übersahen sie es deshalb oder hielten es für einen Holzprügel. Wer weiß?

Meines Wissens gab es auch keinen Aufruf an die Bevölkerung, alles blieb ruhig – bis zum nächsten oder übernächsten Tag.

Glücklicherweise hatten wir in der Schule sehr umfangreiche Hausaufgaben aufgebrummt bekommen, und somit war ich zur fraglichen Zeit noch zu Hause, als das Unglück passierte.

Mein vorjähriger Schulkamerad hatte sich durch eine Unachtsamkeit mit dem Kleinkalibergewehr erschossen.

Meine Freunde erzählten mir, daß er das Gewehr durchgeladen und nicht gesichert am Lauf getragen hatte. Der Abzug der Waffe lag frei. Wir hatten wegen des abgeschlagenen Kolbens einfach den Schutzbügel entfernt.

Wie es genau geschah, hatte keiner mitbekommen. Irgendwie muß er gestrauchelt und mit dem Abzug hängengeblieben sein. Er war sofort tot, Herzschuß.

Da ich nicht dabei war, ging der bittere Kelch der Strafen an mir vorüber, denn es wurden nur jene belangt, welche an diesem Tag mit von der Partie waren. Sie hielten dicht, wer noch zu der »bewaffneten Bande« gehörte.

Natürlich wurden wir jetzt von der amerikanischen Militärpolizei entwaffnet.

Über unsere Restbestände waren sie ziemlich geschockt und wollten natürlich wissen, wie wir überhaupt zu diesen »Kriegsspielsachen« kamen.

Als sie erfuhren, daß wir nur eine Kiste mit diesem »Spielzeug« aus dem Fluß gezogen hatten und dort noch mehrere liegen, mußten darauf noch am gleichen Tag ein paar GI's auf Tauchstation, um den Rest zu bergen. Das war das Ende unserer »Scharfschützenübungen«.

Im Dorf war das Tohuwabohu über unser Waffendepot ziemlich groß und schlug noch tagelang hohe Wellen nach dem Motto: »... *sogor a Panzerfaust und Handgronodn hom die Bälger g'habt! Na, na, was do alles passiern hätt' könna. Allmächt', ich derf gar net dro denken ...*«, usw., usw.

(in Hochdeutsch: »... sogar eine Panzerfaust und Handgranaten haben die Bälger gehabt. Nein, nein, was da alles hätte passieren können. Alle Mächte, ich darf gar nicht daran denken ...«)

Etwas später wurde von den Amerikanern das Haus, in dem mein Großvater wohnte, beschlagnahmt, und meine Eltern mußten nach Nürnberg zurück.

Die schönen Tage der Jugend waren zunächst vorbei, denn die Stadt war nur noch ein Ruinenfeld, und es herrschte allgemeine Not.

Zunächst war ich vollauf damit beschäftigt, mit einer kleinen stumpfen Säge aus den ausgebombten Häusern Brennholz für unseren Kanonenofen zu organisieren. Der nächste Winter kam bestimmt, und ob wir Kohlen zugeteilt bekommen würden, war völlig ungewiß.

Für Streiche blieb keine Zeit, dazu fehlten auch die alten Freunde. Die meisten waren ausgebombt und irgendwo in der Umgebung verstreut.

IV. Schülerstreiche

Wegen der Nachkriegswirren fiel in den ersten Monaten 1945 der Unterricht aus.

Als die Schule wieder bezugsfähig war, mußten alle, mit Ausnahme von ein paar Schülern, welche im Weihnachtszeugnis von 1944 keine Note über der Zwei hatten, die erste Klasse wiederholen.

Hinzu kam, daß für eine ganze Reihe von Schülern die einst zuständige Oberschule ausgebombt war, und wir deshalb zunächst in der Dürer-Oberrealschule in der Sielstraße behelfsweise untergebracht wurden.

Das bedeutete, wir mußten jetzt von der Südstadt quer durch Nürnberg mit der Straßenbahn fahren.

Da vermutlich zu wenige Straßenbahnen zur Verfügung standen, waren die Straßenbahnzüge ständig überfüllt.

Trittbrettfahren bei jedem Wetter war der allgemeine Alltag in den Stoßzeiten!

Die Erwachsenen machten rücksichtslos von ihrer Kraft Gebrauch, um in die Wagen zu kommen. Für uns Schüler blieb fast nur das Trittbrett übrig.

Welche Mutter kann sich heute vorstellen, daß ihr zwölfjähriger Sprößling jeden Morgen rund sieben Kilometer Fahrstrecke außerhalb der Straßenbahn hängt?

Als Standfläche für ein Bein hatten wir oft nur ein paar Quadratzentimeter, kaum mehr als eine halbe Postkarte.

Als Griff standen lediglich eine paar Zentimeter an einer einfachen, senkrechten Haltestange, etwas dicker als ein Besenstiel, zur Verfügung.

In der anderen Hand hielten wir die Schultasche. Ein Wunder, daß so gut wie nichts passierte.

Eines Tages bekam ich weder einen Griff zu fassen, noch ein Stück Trittbrett, wollte aber dennoch mit, und setzte mich kurz entschlossen am letzten Wagen hinten auf eine Art Stoßstange.

Einziger Halt ein dünnes Stahlseil, welches damals an jedem Wagen vorhanden war, und ein bewegliches Kupplungsstück für die Füße.

Dieses Mal ging es fast schief, denn die Schienen waren nicht im besten Zustand, und der Wagen schlingerte für meinen »Sitz« fast zu stark. Mit Müh' und Not konnte ich mich bis zur nächsten Haltestelle festklammern.

Hier fand ich dann wieder ein Stück vom Griff und etwas Trittbrett, und weiter ging's. Damals nahmen wir solche Situationen ganz gelassen hin.

Unsere Klasse war eine sogenannte Wanderklasse, d.h. wir mußten nach jeder Stunde in ein anderes Klassenzimmer.

Der Lehrkörper bestand in den Anfängen fast ausschließlich aus reaktivierten, überalterten Professoren, welche mit unserem überschäumenden Temperament ihre liebe Not hatten, und darauf entweder gar nicht oder ziemlich aggressiv reagierten.

Unseren Status der Wanderklasse wurden wir auch dann nicht los, als wir umzogen und im Melanchthon-Gymnasium einquartiert wurden.

Hier war damals im Keller behelfsmäßig eine Schreinerei untergebracht, und eines Tages bekamen wir das Zimmer darüber zugeteilt.

Zufälligerweise haben wir in der Zwischenzeit herausbekommen, daß, wenn wir einen sechskantigen

Bleistiftstummel unter die Schuhsohle legten und damit über den Boden rollten, es sich anhört, als wenn im Raum darüber oder darunter jemand sägt. Wir nutzten die Gunst der Stunde über der Schreinerei.

Wir »sägten« so intensiv, daß es unserem Pauker auf die Nerven ging und er sich auf den Weg machte, um sich beim Schreiner wegen des Lärms zu beschweren.

Als der gestrenge Herr wiederkam, saßen wir artig auf den Plätzen und schauten ihn erwartungsvoll an. Er meinte nur: »*Seltsam, der Schreiner sagt, daß er derzeit gar nicht sägen müßte.*«

Es dauerte nicht lange, und irgendwer fing erneut zu »sägen« an. Andere gesellten sich dazu, und der Pauker verließ erneut das Zimmer, um den Raum über uns zu kontrollieren.

Auch hier Fehlanzeige.

Wir trieben es auf die Spitze, und er kontrollierte nochmals den Schreiner inklusive der Nebenräume. Nichts!

Er stand vor einem Rätsel, und die Stunde war vorbei. Er hat es nie herausgebracht, denn ein zweites Mal riskierten wir es nicht mehr, auch bei keinem anderen der Professoren.

Beliebt war auch das »Plingen« mit der Stahlstecknadel. Wir trieben diese in die Bank, und je nach Stärke und Länge gab es einen höheren oder niederen Ton, wenn wir diese mit dem Fingernagel in Schwingung versetzten.

Bei Gefahr genügte ein kleiner seitlicher Zug, und die Nadel brach ab. Das »Entsorgen« war kein Problem, und die Einstichstelle auf den stark gebrauchten Bänken praktisch unsichtbar.

Da wir alle zusammenhielten, kam nie heraus, wer gerade »geplingt« hatte.

Im Melanchthon-Gymnasium mußten wir zwar nicht mehr nach jeder Stunde das Klassenzimmer wechseln, aber ein paarmal pro Woche waren wir dran.
Dies sollte sich für uns noch auszahlen, denn es war die Zeit des Blasrohrs.
Kaum ein Schüler, zumindest der unteren Klassen, war ohne sein Blasrohr.
Dieses war aus Eisen oder Messing, rund dreißig bis vierzig Zentimeter lang und hatte einen Innendurchmesser von etwa vier Millimetern.
»Geladen« wurde es mit einfachem Fensterkitt, welchen wir in kleinen Blechschachteln dünn auswalkten. Das Rohr wurde in diese Schicht hineingedrückt, gedreht, und war damit fertig zum Schuß.
Wir bliesen auf alles und erlangten eine unglaubliche Treffsicherheit. Ein Ohr des Vordermanns auf drei Meter war kein großes Problem.
Sogar während des Unterrichts traf es den einen oder anderen von hinten.
Natürlich ging so manches Kittkügelchen daneben und meistens an die Wand. Je nach Nachkriegsqualität des Kittes klebte es hier mehr oder weniger fest, und trotz unserer Reinigungsversuche ließ sich kaum ein kleinerer oder größerer Fettflecken vermeiden.
Eines Tages kam unser Direktor ins Zimmer, und nach einiger Zeit bemerkte er die zahlreichen Flecken auf der vor kurzem gestrichenen Wand.
Zuerst war er sprachlos, dann tobte er los. *Klassenarrest, Klassenverweis, eine gesalzene Strafarbeit,* all dies stellte er uns in Aussicht.
Erst nachdem ihm der Klassensprecher sagte, daß

wir eine Wanderklasse seien und mit den Flecken nichts zu tun hätten, kamen wir ungeschoren davon.

Da alle Zimmer der unteren Klassen ähnlich »dekoriert« waren, trafen die Strafen, bis auf die zwei oder drei Wanderklassen, alle Schüler der entsprechenden Räume.

Unschuldig war kaum einer, denn ihr Blasrohr hatten so gut wie alle in ihrer Schultasche.

Gute Exemplare kosteten mindestens drei Pausenbrote, ein sehr hoher Preis in dieser »nährstoffarmen« Zeit.

Von diesem Tag an blieb das Blasrohr zu Hause, wir verlegten unseren Tatendrang aufs Schlüsselknallen, allerdings nur außerhalb der Schule.

Diese Untugend breitete sich wie eine Seuche in der ganzen Stadt aus. Wo wir auch hinkamen, ein paar Jungen ließen ihre Schlüssel krachen.

Wie das funktionierte, verrate ich nicht, denn es gab dabei auch Unfälle, denn wenn die Utensilien nicht harmonierten, flogen die Splitter ziemlich heftig in die Gegend.

Meinen Freund hat es dabei erwischt. Er mußte zum Arzt, um sich einen Eisensplitter aus dem Oberschenkel herausholen zu lassen. Dieser durchschlug die Hose und drang gut einen Zentimeter tief in die Muskulatur ein.

Obwohl wir wußten, wie gefährlich dieses »Spielchen« war, es verlor sich nur langsam.

In der Schule hingegen löste ein anderer »Schießsport« das Blasrohr ab.

Das »Flitschen« war jetzt an der Reihe. Dazu benötigten wir nur ein oder zwei gute Gummiringe und Heftpapier. Beides zusammen gab es inzwischen wieder.

Das Heftpapier wurde in schmale Streifen geschnitten und zu kleinen Röllchen gerollt. Dann in der Mitte geknickt, und in den Gummi eingehängt, welcher zwischen gespreiztem Daumen und Zeigefinger eingespannt wurde. Fertig war das Schießgerät.

Auch hier brachten wir es nach kurzer Zeit zu erstaunlicher Schußgenauigkeit mit beachtlichen Weiten.

Diesen »Sport« betrieben wir mit Unterbrechungen bis zur siebten Klasse.

Eines Tages hatten wir Geometrie bei »Peppi«. Er war eine Seele von einem Menschen, dem wir so gut wie keinen Streich spielten. Unglücklicherweise war ich der Bösewicht, welcher ihn »abschoß«.

Ich zielte von der vorletzten Bank auf die großen Segelohren von Benno, drei oder vier Bänke vor mir, während »Peppi« vorne an der Tafel eifrig seine Kreise und Winkel zeichnete.

Mein Schulkamerad beugte sich, um besser sehen zu können, mehr und mehr zur Mitte.

Ich visierte mit und ließ genau in dem Moment los, als er sich wieder zurückbewegte, um sich Notizen zu machen.

Das Geschoß streifte zwar noch ein klein wenig sein Ohr, aber es flog jetzt mit leichtem Aufwärtstrend weiter, und wie es so sein soll, genau in diesem Moment drehte sich »Peppi« an der Tafel um, und ich traf ihn mitten auf die Wange.

Die Reaktion meines Mitschülers, welcher sich umdrehte und sein Ohr hielt, sowie meine hastige Bewegung verrieten ihm ganz genau, wo der Übeltäter saß.

»Peppi« kam auf mich zu, sah mich vorwurfsvoll an, bat um den Gummi, sah mir nochmals tief in die

Augen und ging wieder zur Tafel. Selten habe ich mich so geschämt.

Wie weh diese Papiergeschosse taten, war daran abzusehen, daß »Peppi« einen tiefroten Fleck auf seiner Wange mit auf den Weg nahm.

Welch eine Größe brachte dieser Lehrer gegenüber uns Lausejungen auf, denn er trug mir nichts nach, auch meine Noten wurden davon nicht beeinträchtigt.

Wir haben es ihm aber auch mit unserem Wohlverhalten gedankt, – jedenfalls so gut wir konnten.

Halt, einmal haben wir ihn kurz danach mit einer Schulaufgabe mehr als nur geschockt.

Ich glaube, es war Algebra dran, oder war es Bruchrechnungen mit Wurzelziehen? Egal, jedenfalls war gleich die erste Aufgabe für uns alle eine unknackbare Nuß.

Wir machten mit den anderen Aufgaben weiter und ließen in der Zwischenzeit unsere »Beziehungen spielen«.

Der Klassenprimus in Mathematik saß vorne links außen in der ersten Reihe. Er fand eine Lösung. Von hier aus wanderte diese durch die ganze Klasse.

Nur sein Nebenmann, ebenfalls gut in Mathematik, rechnete sich etwas anderes aus und blieb bei seiner Lösung.

Ein paar Tage später bekamen wir die Arbeiten zurück, alle hatten eine Fünf, mit Ausnahme dieses Nebenmannes, er hatte eine Zwei.

Was war geschehen? Der Primus fand eine elegante, aber leider falsche Lösung, und sein Nebenmann hatte die richtige Lösung, aber einen Übertragungsfehler bei der Berechnung.

Da uns der Primus spicken ließ, bekam er ebenfalls eine Fünf, obwohl er sonst alle Aufgaben richtig hatte.

»Peppi« meinte sinngemäß, daß er schon immer geahnt hatte, daß wir ab und zu spicken, aber daß dieses in solchem Umfang möglich war, das hätte ihn sehr erschüttert.

Jetzt wußten wir nicht, ob wir uns schämen oder stolz auf unser Spick-Vermögen sein sollten.

Immerhin saß er ja stets sehr aufmerksam auf seinem Katheder und beobachtete uns ständig während der Schulaufgabe.

Wie so etwas funktioniert? Ich kann schweigen, das sollen die heutigen Schüler selbst herausfinden.

Eine Möglichkeit, welche wir noch hatten, kann ich jetzt preisgeben, denn diese besteht heute nicht mehr.

Wir schrieben damals alle noch mit Füllfederhaltern, und mußten des öfteren das Geschriebene mit einem Löschblatt trocknen, wollten wir die Tinte nicht verwischen.

Diese Löschblätter gab es im DIN A4- und DIN A5-Format. Letztere wurden von uns im Unterricht verwendet. Vor einer Schulaufgabe falteten wir hingegen ein DIN A4-Löschblatt exakt auf DIN A5 und bügelten es gründlich. Dann ließen wir es altern, indem wir mit dem Federhalter Striche und Punkte auftrugen. Jetzt konnten wir auf die Innenseite mit dem Bleistift unsere Informationen eintragen.

Durch die elektrostatische Aufladung hielten die Blätter gut zusammen, und meines Wissens hatte keiner der Pauker eine Ahnung von dieser Spickmethode, denn wir wurden diesbezüglich nie kontrolliert.

Bliebe zu diesem Thema noch die Spickmaschine.

Unser Religionslehrer war ein Fanatiker in bezug auf das Auswendiglernen.

Bei den Schularbeiten verlangte er eine möglichst genaue Wiedergabe ellenlanger Sätze aus dem Katechismus.

Je genauer die Sätze, je besser die Note. Je »einfacher« die Satzgestaltung, je schlechter die Note.

Daß wir trotz einfacherer Satzaufbauten den Sinn trafen, interessierte ihn herzlich wenig. Diese Schularbeiten waren für uns ein Alptraum.

Ich beschloß, zu handeln und baute mir aus Sperrholz eine kleine Spickmaschine.

Sie war geringfügig größer als eine Zigarettenschachtel. Auf der Oberseite war ein Schlitz, und an den Seiten zwei Rollen, auf welche der Spickzettel aufgewickelt wurde.

Für eine dieser Schulaufgaben war er einmal etwa 2 m lang und eng beschrieben. Zum besseren Überblick hatte er am Rand bunte Streifen. Drehte ich an den Rollen, so konnte der Spickzettel schnell bewegt werden.

Zuerst hielten mich meine Mitschüler für leicht »bescheuert«, als ich ihnen meine Errungenschaft vorführte. Als es dann gut funktionierte, wollten sie es nachbauen, es blieb aber offensichtlich beim Wollen.

Vielleicht war ihnen die Arbeit mit dem Spickzettel zuviel? Das habe ich meist in der Religionsstunde erledigt und die Streifen zu Hause nur noch geschnitten und zusammengeklebt.

Das Ganze funktionierte eine ganze Weile sehr gut, auch bei anderen Schulaufgaben, aber eines Tages fing eine der Rollen während der Arbeit zu quietschen an. Also was tun?

Zuerst probierte ich es mit Spucke. Das half etwas, aber es quietschte sehr schnell wieder.

Also vorsichtig in die Büchertasche gegriffen, durch das Einwickelpapier in das Pausenbrot gebohrt und die Butter in das Lager gequetscht, fertig. Es konnte weitergehen.

Meine Kameraden hatten Mühe, bei meinen heimlichen Machenschaften ernst zu bleiben. Zu Hause habe ich das Maschinchen richtig geölt.

Bei Religion benötigte ich es nur noch einmal, denn ich betrachtete mich ab Ende 1949 oder Anfang 1950 als exkommuniziert und das Fach Religion als eine Art Freizeitbeschäftigung. Der Grund dafür war:

Papst Pius XII. verkündigte für 1950 ein neues Heiliges Jahr und sein neues Dogma von der leibhaftigen Himmelfahrt Marias.

Jeder Katholik hatte das damals zu glauben, oder er wurde oder galt als exkommuniziert.

Als dieses Dogma bei uns in der Religionsstunde zur Sprache kam, machte ich aus meinem Herzen keine Mördergrube und gab laut kund, daß ich das nicht glaube.

Warum auch? Warum wußte die Kirche das nicht schon kurz nach dem Tode von Maria?

Jetzt ging zwischen mir und dem Religionslehrer die Debatte los.

Es ging heiß her, und meine Fragen und Feststellungen machten meinem Religionslehrer das Leben schwer.

Als erstes meinte er mich mit der Feststellung einzuschüchtern, daß ich dies ab sofort glauben müßte, da ich sonst exkommuniziert sei. Es folgte, daß der Papst schließlich unfehlbar sei.

Was lediglich die Thematik auf die Dogmenpraxis

der katholischen Kirche verlagerte, schließlich waren mir als Leseratte die vier Evangelien gut im Gedächtnis.

Mir war beim Lesen sofort aufgefallen, daß es erhebliche Gegensätze gab zwischen dem, was die Kirche lehrt und praktiziert, und dem, was Jesus sagte und vorgab.

Vor allem in die angebliche Unfehlbarkeit des Papstes verbiß ich mich.

Vermutlich um die Sache vor der ganzen Klasse nicht weiter eskalieren zu lassen, meinte schließlich unser Professor: »*Hüßner, Hüßner, aus dir wird nie ein guter Christ.*«

Worauf ich ihm wortwörtlich entgegnete: »*Herr Professor, bestimmt ein guter Christ, aber mit Sicherheit nie ein guter Katholik.*«

Er wurde aschfahl und brachte zunächst kein Wort mehr hervor.

Solch eine Antwort hatte er, immerhin ein geschulter Jesuit, von einem Fünfzehnjährigen sicher nicht erwartet.

Von da an hatte ich bei den Schularbeiten in »literarischer Hinsicht« völlige Narrenfreiheit.

Ich konnte abliefern, was ich wollte, selbst ein Blatt nur mit dem Kommentar »*An welcher Stelle hat Jesus das gesagt?*« tat daran keinen Abbruch.

In Religion hatte ich von da an stets eine Zwei im Zeugnis.

Wie schon erwähnt, wir waren eine Wanderklasse, dazu ausgemachte Racker, und vor allem hielten wir zusammen wie Pech und Schwefel.

Eines Tages, es war um 11 Uhr, und wir hätten noch zwei Stunden Unterricht in irgendeinem Fach gehabt, aber dazu einfach keine Lust mehr, denn wir wollten lieber im Cramer Klett Park Fußball spielen. Also zog die ganze Klasse geschlossen los.

Logischerweise war tags darauf der Teufel los. Der Direktor tobte. So etwas hätte es in der Geschichte der Anstalt noch nie gegeben, daß eine ganze Klasse die Schule schwänzt, usw., usw.

Natürlich zog unser Argument, daß wir das entsprechende Klassenzimmer nicht gefunden hätten, überhaupt nicht.

Gegenargument, wir hätten das jederzeit im Rektorat erfragen können.

Ergebnis: Wir erhielten eine saftige Strafarbeit, einen Klassenverweis, und das schlimmste, im neuen Schuljahr wurde unsere Klasse, die 3b getrennt.

Die Hälfte kam in die 4a, und von dieser die Hälfte in die 4b.

Da man seine Pappenheimer einigermaßen kannte, kamen vor allem die »Lebhafteren« der 4a in die 4b, und deren »Tugendbolde«, darunter ich, mußten in die 4a. Außerdem wurden die Sitzreihen entsprechend gemischt.

Zunächst war es aus mit größeren Aktionen, zumindest solange, bis wir wußten, wie weit wir uns mit den neuen Klassenkameraden etwas »leisten« konnten.

Da bekanntlich die schlechten Sitten schneller angenommen werden als die guten, »normalisierte« sich das Ganze schon nach kurzer Zeit, aber auch wir wurden vernünftiger.

Wie nachtragend jedoch der Lehrkörper sein kann, das erlebte ich zu Ende dieses Schuljahres. Ich mußte eine Ehrenrunde drehen.

Die Herren hatten mir kurzerhand, trotz besserer

Schularbeiten und Extemporalen, im Zeugnis die gesamten Noten der Hauptfächer um eine, in den Nebenfächern teilweise um zwei Werte verschlechtert.

In Betragen brachte ich es auf eine Drei, im Fleiß sogar auf eine Vier.

»*Der Schüler hat die sittliche Reife für die neue Klasse noch nicht erreicht*«, stand in der Beurteilung.

Mein Vater war so geschockt, daß größere, handgreifliche Konsequenzen ausblieben.

Er fand, wie er glaubte, ein besseres Mittel, um mich empfindlich zu strafen. – Mir wurde der Sport für drei Monate gestrichen, und das mitten in der Wettkampfsaison.

Zunächst war ich sprachlos. Erst die unfaire Zurückstufung in der Schule, und dann die Streichung meines eigentlichen »Selbstverständnisses«, des Sports, – aber dann fand ich den Ausweg.

Meine Eltern wußten, daß unser Training jeweils am Dienstag und Donnerstag abends stattfand. Samstags oder sonntags waren die Wettkämpfe.

Da ich keinen Hausarrest und Fahrradverbot hatte, konnte ich mich außer Dienstag und Donnerstag abend frei bewegen.

Also trainierte ich jetzt am Montag und Mittwoch nachmittags allein.

Im Spind hatte ich noch einen alten Trainingsanzug und ein paar alte Turnschuhe hängen. – Wo ein Wille, da ein Weg!

Die Wettkämpfe fanden oft am Samstag oder Sonntag statt. Viele davon im Nürnberger Stadion oder in der näheren Umgebung. Damit war für mich, mit meinem Fahrrad, die Teilnahme kein Problem.

Auf Wettkämpfe, welche eine Übernachtung erforderten, mußte ich natürlich verzichten.

So weit, so gut. Es gab nur ein Problem.

Wer hart trainiert, der schwitzt bekanntlich auch, und nach einigen Trainingstagen begann mein alter Trainingsanzug reichlich streng zu riechen.

Selbst ist der Mann. Zunächst ging ich einfach mit dem Anzug unter die warme Dusche. Ein paarmal auf dem Körper mit der Seife eingerieben und gut durchgerubbelt – fertig.

Mh-hm, der Geruch ist weg, paßt. Dann hängte ich ihn, naß wie er war, in den Spind. Als ich nach zwei Tagen wiederkam, war er noch immer sehr feucht, nur hatte er jetzt eine etwas andere Duftnote angenommen.

Wie hieß unser damaliger Leitsatz?

»Gelobt sei, was uns hart macht! Das walte Wodan mit seinen 40 000 Angestellten.«

Also hinein in die duftende Kluft, und los ging's. Dann wieder eine »Gesamtdusche« mit Seifenbehandlung, fertig.

Wie lange das so ablief, kann ich nicht mehr angeben, aber an einem der kommenden Wettkampftage weigerten meine Kameraden sich, in meiner näheren Umgebung zu bleiben.

Am Wettkampftag war es kein Problem, jeweils für die einzelne Disziplin ein Trikot, eine Turnhose oder passende Spikes zu bekommen, aber zu meinem feuchten Trainingsanzug bestanden sie auf entsprechendem Abstand. Da sie aber alle wußten, daß ich Sportverbot hatte und bezüglich meiner Kleiderutensilien in Schwierigkeiten war, so erbarmte sich eines unserer weiblichen Kameradinnen und erbot sich, das feuchte »Etwas« wieder auf Vordermann zu bringen.

So brachte ich die drei Monate ohne größere Leistungseinbußen gut über die Runden.

In der Schule hingegen mußte ich mich mit ein paar anderen Unglücksraben, mit denen man ähnlich verfahren hatte, jetzt in einer vollkommen neuen Klasse einleben.

Es ging besser, als zunächst zu vermuten war, denn Heilige sind selten, und die »Neuen« waren alles andere als Heilige. Im Gegenteil, sie schätzten unsere »Erfahrungen«, sprich Ideenreichtum.

In dieser Klasse brach für uns die Ära des »Giftzwerges« an. Er war ein Relikt aus der schulischen Steinzeit und lehrte Englisch.

Wie er genau hieß, ist mir entfallen. Wir nannten ihn sowieso nur Giftzwerg und in direkter Anrede »Herr Professor«.

Er war sehr klein, höchstens 1,60 m und schmächtig. Als Junggeselle um die 60, war er schlampig und obendrein mit einem strengen Eigengeruch, vermengt mit kaltem Tabakrauch versehen.

Seine Krawatte und Weste waren stets bekleckert, und außerdem rauchte er immer ein fürchterliches Kraut.

Rauchend kam er an, legte seine Pfeife weg, und bevor er ging, zündete er sie wieder an.

Außerdem litt er unter dem Problem vieler älterer Herren, und mußte deshalb wenigstens einmal während der Stunde die Toilette aufsuchen.

Zwischen ihm und der Klasse herrschte Krieg. Nicht offen, aber sie piesackten ihn, wo sie konnten. Es beruhte auf Gegenseitigkeit, und Pardon wurde nicht gegeben.

Wir waren sprachlos. So eine verbissene, teils hinterhältige Auseinandersetzung war uns »Eingebürgerten« fremd.

Das erste Ziel war stets seine Pfeife und sein Tabakbeutel.

Da er diese Utensilien auf dem Fensterbrett in unmittelbarer Nähe der ersten Bank ablegte, waren sie während seines obligaten Toilettengangs für uns sofort griffbereit.

Unser Klassenzimmer lag neben den Schülertoiletten, und vermutlich war es uns deshalb auch zugeteilt worden. Er ließ bei seiner kurzen Abwesenheit stets die Türe offen. Seiner Behauptung, daß er von uns jeden Ton hören könne, glaubten wir sowieso nicht.

Was wir ihm in Windeseile jedesmal zusätzlich in seine Pfeife stopften, und manchmal auch unter seinen Tabak mischten, spottete jeder Beschreibung.

Getrocknete Buchenblätter und Pfefferminztee waren das Harmloseste. Den Vogel schossen wir zu guter Letzt mit extrem kurzgeschnittenen Schweinsborsten ab.

Davon wurde ihm beim ersten Mal so schlecht, daß er in der Pause nach Hause ging und tags darauf ausfiel.

Also blieben wir bei den Schweinsborsten, welche wir ihm zuerst von Zeit zu Zeit, dann immer öfter und mit immer höheren Anteilen in die Pfeife und den Tabak mischten. Nach ein paar Monaten ging er noch während des Schuljahres, wegen seiner körperlichen Beschwerden in Pension.

Er kam nie darauf, daß seine Anfälle von Übelkeit an seinem »Tabak« lagen.

Heute denke ich natürlich über unsere konsequente Grausamkeit etwas anders, aber wie gesagt, er schikanierte uns ebenfalls nach Strich und Faden.

Vielleicht haben wir ihm mit seinem verseuchten-

Tabak und dem anschließenden Ruhestand unwissentlich einen Dienst erwiesen? Wer weiß. Wie sagt Mephisto in Goethes Faust? »*Ich bin die Kraft, die Böses will und Gutes schafft.*«

Wir hatten aber noch auf andere Art unseren Spaß mit ihm, denn er hatte die Eigenart, daß er sich während des Unterrichts stets über längere Zeit in eine überzählige Bank setzte, welche aus unerfindlichen Gründen neben der Eingangstür an der Wand stand.

Wir konnten nie begreifen, warum er nicht auf dem Katheder Platz nahm. So klein er war, er mied das Pult.

Wenn er nicht zwischen uns herumging, so saß er auf gleicher Höhe mit uns in dieser Schülerbank.

Diese hatte Klappsitze, und von dieser schnellte er bei der geringsten verdächtigen Bewegung wie von der Tarantel gestochen hoch.

Eines Tages brachte irgendwer Knallerbsen mit, und wir klebten zwei davon, während seines Toilettengangs an diesen Klappmechanismus.

Es dauerte nicht lange, und Giftzwerg setzte sich in die Bank, um wie gewohnt kurz darauf wie üblich hochzuschnellen. **** PENG **** machte es, und im gleichen Atemzug brüllte er los: »*Dahinten hat's gekracht. Ich hab's genau gesehen!*«

Jetzt wieherte die ganze Klasse los, und er wurde immer wütender.

Wir lachten nur noch mehr über ihn, das Ganze eskalierte, und er ging wütend ins Direktorat.

Weder der Direktor noch er kamen in dieser Stunde zurück. Später holte der Hausmeister die Pfeife ab. Das war's für den Tag.

»Giftzwerg« hatte die Eigenart, sich immer in seinen

Mantel helfen zu lassen, wenn er die letzte Stunde hatte. Er brachte ihn vorher vom Lehrerzimmer mit.

Selbstverständlich fand er dann ab und zu ein Stückchen Limburger Käse oder andere Raritäten in seiner Manteltasche.

Danach kontrollierte er zwar eifrig seine Taschen, fand jedoch nichts, und bald schlief seine Wachsamkeit ein und ein neuer »Anschlag« erfolgte.

Um ihm etwas in seine Taschen zu schmuggeln, hatten wir ja während seiner Toilettengänge genügend Zeit.

Einmal brachte jemand ein Sauschwänzchen mit, und unglücklicherweise gab der »Giftzwerg« die letzte Schulstunde. Es war natürlich Ehrensache, ihn mit diesem Anhängsel nach Hause zu schicken.

In unserer Klasse gab es ein paar Schüler, welche für ihr Alter schon sehr ausgewachsen waren.

Eines Tages suchte er sich einen dieser »großen Lackel«, so nannte er sie, aus.

Er sollte ihm in den Mantel helfen. Dieser stieg auf das Pult, welches er bekanntlich mied, und »half« ihm in seinen Mantel.

Kaum war er in den Ärmeln, so hob er ihn zusammen mit dem Mantel hoch und sackte ihn ein paarmal, wobei er mitfühlend sprach: »*Sind's drin, Herr Professor, paßt es?*«

Er hingegen hing wie ein Spielzeugkasperle, bei dem man mit der Kordel Arme und Beine hochziehen kann, in seinem Mantel und brüllte los:

»*Laß mich sofort los. Du sollst mich loslassen!*« Er ließ ihn los, aber aus einer Höhe von etwa dreißig Zentimetern oder gar höher, und »Giftzwerg« ging in die Knie.

Für uns war die ganze Situation so grotesk, daß wir im ersten Moment gar nicht richtig lachen konnten.

»Giftzwerg« jedenfalls war so wütend, daß er ihm links und rechts eine klebte, und damit war für ihn die Sache erledigt. Keine Strafarbeit, kein Verweis, nur zwei Backpfeifen.

Wir fanden das irgendwie nobel und haben ihm dies, bis auf den präparierten Pfeifentabak, für ein paar Tage honoriert.

In diese Zeit fiel auch eine andere Begebenheit.

Einer unserer Professoren fiel längere Zeit aus, und wir bekamen dafür Ersatz. Dieser war jung und dynamisch.

Eine seiner unangenehmsten Eigenschaften war, daß er stets die Türe aufriß, und gleichzeitig wie der Blitz mitten ins Klassenzimmer raste. Dann ließ er durch einen Schüler die Türe schließen.

Eine Zeitlang sahen wir uns das an, dann stellten wir ihm die Falle.

Wir <u>hoben</u> den Schrank vor die Türe. Wir hörten, wie er die Türe aufriß, und schon knallte er gegen die Schrankrückwand.

Wütend schrie er auf und wollte den Schrank wegschieben, aber wir hielten dagegen. Er wurde immer wütender und drohte, daß er jetzt im Nachbarzimmer einen Professor als Zeugen holen werde.

Das war sein Fehler.

Kaum war er weg, so <u>hoben</u> wir den Schrank wieder an seinen Platz. Als er mit dem anderen Pauker ankam, saßen wir, als wäre nichts geschehen, laut plaudernd auf unseren Plätzen.

Als auch keine Rutschspuren des Schrankes zu finden waren, sah er ziemlich betreten durch die Gegend.

Wir wußten natürlich von nichts. Die Sache verlief im Sande, und der Pauker kam von nun an gesittet ins Klassenzimmer.

Zu dieser Zeit gab es noch ab und zu die Quäkerspeisung, allerdings meist nur in Form von Kakao oder Milch. Wir mußten jedenfalls noch unsere Eßbecher mitbringen.

Eines Tages war es sehr heiß, wir hatten eine Doppelstunde in Latein, und ich bekam im Verlauf des Unterrichts Durst. Auch mein Nebenmann und die Hintermänner klagten über Durst, aber wir konnten schlecht alle »austreten«, um am Wasserhahn zu trinken.

Also nahm ich für uns Hinterbänkler die Sache in die Hand. Ich schnallte meinen Becher hinten an den Gürtel und durfte auch »austreten«.

Nachdem ich ausreichend getrunken hatte, füllte ich den Becher für meine Freunde.

Hinaus mit verdecktem Becher ging einfach, aber voll damit zurück auf den Platz?

Frechheit siegt, und der Zufall half mir. Der Professor zeigte gerade einem Schüler irgendeine Stelle im Buch, und wandte mir den Rücken zu ... der volle Becher war auf meiner Sitzbank.

Ausgerechnet mein linker Vordermann, welcher beim Spicken nie sehr kooperativ war, wollte sofort Wasser haben.

Ich füllte das Aufschraubstück meines Füllfederhalters und reichte es ihm vor.

Er wurde zornig und griff rückwärts über meine Bank. Schon hatte der den Rand gepackt und wollte ihn anheben. Ob dieser Frechheit packte mich der Zorn.

Ich griff zu und goß ihm den gesamten Topf mit etwa einem Liter Wasser ins Genick.

Prustend schoß er wie ein begossener Pudel hoch, und beschwerte sich lautstark beim Professor.

Dieser hatte offensichtlich das ganze Geplänkel mitbekommen und meinte lediglich: »*Haischmann, du solltest nicht so gierig sein oder dich selbst mit Wasser versorgen*«, und zu mir:

»*Hüßner, du solltest dein Wasser trinken und nicht andere damit duschen.*«

Mehr erfolgte nicht.

Dieser Pauker war von uns allen hochgeachtet. Er war damals nach eigener Angabe vierundvierzig Jahre alt und erst kurz aus der Gefangenschaft zurück.

Ein Beispiel sei erwähnt, wie unkonventionell er von Beginn an mit uns umging.

Während er etwas an die Tafel schrieb, kabbelte sich einer meiner Kameraden mit seinem Nebenmann.

Das bekam der Professor mit und rief ihn zu sich nach vorne.

Dann sagte er sinngemäß Folgendes: »*Netter, wenn du schon boxen willst, solltest du das nach dem Unterricht erledigen. Ich will dir aber jetzt helfen, deine überschüssigen Kräfte abzubauen. Jetzt boxen wir zwei miteinander. Du darfst so kräftig zuschlagen, wie du kannst. Es gilt aber nur von der Gürtellinie bis zum Hals. Also wehr dich jetzt. Bei drei geht's los. Eins, zwei, drei!*«

Und es ging auch richtig los. Jedenfalls steckte mein Mitschüler wesentlich härtere Gerade ein als der Pauker, und nach etwa zehn Sekunden gab Netter den ungleichen »Boxkampf« auf.

Dieses Exempel reichte uns, und wir hüteten uns fortan, eventuell in die Gefahr eines Boxkampfes mit dem Pauker verwickelt zu werden.

Kommen wir auf das Spicken in den höheren Klassen zurück.

Wie im Fall »Peppi« erzählt, waren wir darin sehr erfahren und haben das, je nach Lage der Dinge, auch weidlich ausgenützt.

In Geschichte, Deutsch und Geographie hatten wir Professor Rühl. Sein Lieblingswort für »bestimmte« Schüler war »Muhackl«. So nannten wir ihn dann ebenfalls.

Daß ich einer seiner ganz besonderen Lieblinge war, ließ er mich sehr schnell bei den Schularbeiten wissen.

Mit Rechtschreibfehlern hatte er bei mir wenig Glück, aber meine Kommaschwäche nützte er weidlich aus, und wenn das nicht half, beanstandete er einfach meinen Stil. Ich konnte abliefern, was ich wollte, eine Vier im Aufsatz, bei der »Höchstnote« Fünf, war die Regel.

Dieser »Muhackl« glaubte, es ganz besonders intelligent anzustellen, wenn er Schularbeiten für Erdkunde und Geschichte abhielt.

Er wollte sich bei seiner vermeintlich »schlauen« Methode die Arbeit des Korrigierens erleichtern.

Für die Klassenarbeit hatte er sich folgendes Verfahren ausgedacht:

Er stellte die Fragen, und wir mußten die Antwort jeweils auf eine Zeile schreiben. Das sah z.B. so aus:

Frage: Wie heißen die vier größten Flüsse Afrikas? Antwort: Nil, Niger, Kongo, Sambesi.

Jede richtige Antwort ergab einen Punkt.

Korrigiert wurde noch in der gleichen Stunde, und zwar vom Nebenmann!

Die Fragen wurden nochmals gestellt, und der Nebenmann mußte mit dem Bleistift unter jede richtige Antwort einen Punkt machen, und die jeweilige Anzahl am Rande der Zeile notieren.

Am Schluß wurde zusammengezählt. Die Anzahl der Punkte entschied über die Note.

Sobald korrigiert und die Punkte addiert waren, wurde von vorne jede Bankreihe eingesammelt. – Fertig.

Das hatte er sich fein ausgedacht, der Herr Professor. Er hat dabei nur eines vergessen, unsere Risikobereitschaft.

Die Mutigsten, oder sollte ich sagen die Frechsten, gaben ihr Blatt nicht dem Nebenmann, sondern korrigierten es selbst.

Natürlich wäre es aufgefallen, hätten wir alles richtig gemacht und nur noch Einser abgeliefert, also mußten wir ein paar Fehler stehenlassen. Eine Zwei reicht ja schließlich auch.

Einmal wäre meine Eigenkorrektur fast schiefgegangen.

»Muhackl« stellte sich entgegen aller Gewohnheit eine Reihe vor mir zu meinem Vordermann, und überwachte für ein paar Minuten die Korrektur von dort aus.

Plötzlich wandte er sich direkt an mich: *»Muhackl, hast du auch das Blatt vom Schenk?«*

Worauf ich ohne mit der Wimper zu zucken mein Blatt so in die Hand nahm, daß mein Name, welcher rechts oben am Rand des Blattes stand, vom Zeigefinger verdeckt war, und hielt es ihm dann vor die Nase. *»Selbstverständlich, Herr Professor.«*

Darauf er wieder: »*Dir traue ich es zu, daß du deine eigene Arbeit korrigierst.*« Damit ging er ab, und Schenk und ich atmeten tief durch.

Ein anderes Mal war die Arbeit eine ziemlich schwierige Angelegenheit. Ich glaube, es war Geschichte, und es ging nicht so einfach mit der Punktvergabe ab.

Es war etwas mehr zu schreiben, und es gab auch für die einzelnen Antworten mehr oder weniger Punkte. Wie es genau ablief, weiß ich nicht mehr. Mein Nebenmann Schenk jedenfalls kam nach unserer Addition auf 53, und ich auf 52 Punkte.

Unmittelbar vor dem Einsammeln fragte »Muhackl« einen Schüler:

»*Na, Hoyer, auf wieviel Punkte bist du gekommen?*« Dieser antwortete: »*Auf 50 Punkte, Herr Professor.*« Darauf »Muhackl«: »*Sehr gut, dann hast du eine Eins, denn 50 Punkte waren zu erreichen.*«

PENG! Wir hatten dreiundfünfzig bzw. zweiundfünfzig.

Jetzt waren wir wirklich gefordert. Schnell mit dem Radiergummi ein paar Punkte wegradiert, und die Hauptpunktzahl nach unten korrigiert, denn mehr wie eine Zwei strebten wir nicht an.

Alles mußte unauffällig und in rasender Eile ablaufen, denn von vorne wurden die Blätter bereits eingesammelt.

Zum Nachrechnen war keine Zeit, und wir waren sicher, daß die Endzahl niemals mit den am Rande aufgeführten Punkten übereinstimmen konnte.

Sauber, jetzt können wir wegen Mogelns mit einer Fünf rechnen. – Von wegen, wir hatten unsere Zwei. Von da an wußten wir, daß er nicht einmal nachrechnete.

Die Schule war nur eine Seite unseres Tages, es gab es noch so manche außergewöhnliche Begebenheiten, belassen wir es dabei.

Es gab ja auch noch Nachmittage, an denen wir nach den Schularbeiten ebenfalls aktiv waren.

Unser Fortbewegungsmittel war das Fahrrad. Wer eine Dreigangschaltung in seinem »Drahtesel« eingebaut hatte, gehörte schon zur privilegierten Klasse der Pedaltreter.

Erst an meinem achtzehnten Geburtstag bekam ich ein eigenes neues Rad, und der Bruder meines Großvaters finanzierte ein paar Monate, anläßlich eines Besuches, dazu die Gangschaltung.

Um möglichst schnell zu sein, mußte ich bis dahin mit einer großen Übersetzung fahren.

Wie oft ich unfreiwillig vom Fahrrad »abstieg«, kann ich heute beim besten Willen nicht mehr angeben.

Daß ich bei meinem neuen Rad drei Vorderradgabeln »verbrauchte«, mag den Fahrstil, welche ein paar von uns pflegten, ausreichend verdeutlichen.

Mein schlimmster Sturz lief mit etwa sechzehn Jahren folgendermaßen ab:

Nachmittags wollten meine Freunde und ich uns vor dem Stadion zum Fußballspielen treffen. Irgendwie war ich zu spät dran und hatte es eilig.

Damals hatte ich noch die Unsitte, andere Radfahrer so nahe wie möglich zu überholen. Dabei klingelte ich jeweils kurz hinter ihnen, um sie zu erschrekken. So auch am fraglichen Tag.

Vor mir zockelte ein älterer Mann mit einem hochbepackten Rad. Hinter mir kam ein Armeelastwagen der Amerikaner.

Quer auf seinen hinteren und vorderen Gepäckträgern hatte der vorausfahrende Radfahrer jeweils einen prall gefüllten Sack befestigt.

Außerdem trug er noch einen vollen Rucksack auf seinem Rücken. So zockelte er auf der Straße dahin, als ich so nah wie möglich zum Überholen ansetzte.

Er erschrak, riß an seinem Lenker, und dadurch brach die Gabel seines Rades. Er kippte sofort nach links weg. Zum Ausweichen war es für mich zu spät, und ich fuhr auf.

Mein Rad ging noch unter ihm durch, aber er selbst lag jetzt quer zu meiner Vorderseite.

Es krachte fürchterlich, und ich dachte noch, daß es meine Rippen waren, welche brachen, dann sah ich nur noch den Himmel, die Straße, den Himmel, und knallte vollkommen platt auf den Bauch.

Als nächstes hörte ich das Kreischen von Reifen, und es war still.

Für mich war es schlimm, denn ich bekam keine Luft mehr. Durch den Aufschlag waren ich und meine Atmung praktisch gelähmt.

Glücklicherweise bekam einer der amerikanischen Soldaten mit, was mit mir los war. Er drehte mich auf den Rücken und drückte mir, ohne Rücksicht auf meine Schmerzen, mit Hilfe von rhythmischen Pressungen meiner Brust, Luft in meine Lungen.

Mann, oh Mann, war ich bedient. Mir trieb es die Tränen in die Augen, mehr war nicht, zum Jammern fehlte mir die Luft. Was mir aber noch den Rest gab, war Folgendes:

Der alte Mann hatte inzwischen sein Rad abgestellt, seinen Rucksack abgelegt und geöffnet.

In diesen langte er hinein und ließ nachdenklich Reisigstückchen durch seine Hand rinnen.

Sein gesammeltes Reisig, welches er im Rucksack

(und in den Säcken) hatte, war durch meinen Aufprall in kleine Stückchen zerbrochen.

Noch saß ich nach Luft jappend auf der Straße. Alle Rippen taten mir weh, und nun bekam ich wegen dieser grotesken Handlung des alten Mannes, indem er immer wieder nachdenklich die Reisigstückchen aus seinem Rucksack durch seine Hand rinnen ließ, einen Lachkrampf.

Mir war vor Schmerzen zum Heulen zumute, und ich saß da und lachte mit Tränen in den Augen, so gut es mit dem Luftmangel ging.

Dazu kam das erstaunte Gesicht der zwei Amerikaner ob meines Verhaltens, was den Lachanfall nur noch verstärkte.

Zum Schluß lachten wir alle.

Langsam rappelte ich mich hoch und machte mich mit meinem Rad in Richtung Fußballplatz aus dem Staub.

Es waren nicht meine Rippen, welche beim Aufprall so fürchterlich gekracht hatten, es war das Reisig im Rucksack.

Ein paar Tage hatte ich noch eine ziemliche Anzahl blauer Flecken auf meiner Brust, das war's dann.

Eines beachtete ich von da an geflissentlich, den nötigen Abstand beim Überholen.

Diese Lektion wurde mir im wahrsten Sinne des Wortes gründlich einge<u>bläut</u>, nicht nur eingebleut.

An einem sonnigen Sonntag besuchten mein Freund und ich mit unseren Fahrrädern meine Eltern in der Fränkischen Schweiz. Sie verbrachten hier ein verlängertes Wochenende.

Auf dem Heimweg befuhren wir eine abschüssige Waldstraße.

Mein Freund hielt kurz an, um irgend etwas an seinem Rad zu überprüfen, während ich noch rund zwei- bis dreihundert Meter langsam weiterfuhr. Der Weg führte mit einer starken Kurve durch einen kleinen Weiler. Genau in der Kurve blieb ich dann stehen, blickte nach oben und wartete.

Es dauerte doch etwas länger, und inzwischen kamen drei wandernde, ältere Ehepaare auf mich zu.

Nun ging alles rasend schnell. Mein Freund kam »angeflogen«, und wollte wegen der Fußgänger und der Kurve abbremsen.

Er bekam zu spät mit, daß übergangslos der Weg durch Regenfälle ziemlich ausgewaschen, und teils mit hühnereigroßem Schotter übersät war. Durch die Fußgänger, welche nebeneinander bereits eingangs der Kurve liefen, schätzte er auch die Kurve falsch ein.

Vorab müßte ich noch berichten, daß wir damals nur eine Rücktrittbremse hatten. Als Vorderradbremse fungierte eine Stangenbremse, welche wir wegen ihrer Wirkungslosigkeit auch nie verwendeten.

Ergebnis: Er überbremste und kam mit einem »Affenzahn« und wild wedelndem Hinterrad auf die Spaziergänger zugeschlittert. Die Frauen gerieten in Panik, und rasten wie aufgescheuchte Hühner nach allen Seiten auseinander.

Er selbst wollte noch die Kurve kriegen, schaffte das aber nicht mehr, und raste auf die Wand eines Kuhstalls zu.

Um das schlimmste zu verhindern, versuchte er noch, durch die offene Stalltür zu lenken. Vergebens, er blieb mit seinem Lenker am Türrahmen hängen, und flog in hohem Bogen in den Stall.

Sein Glück war, daß er auf einer liegenden, wiederkäuenden Kuh landete. Diese »erhob« sich äußerst schnell, und warf ihn dabei ziemlich unsanft auf den »sauberen« Stallboden.

Damit war sein Ungemach noch nicht vorbei, denn jetzt kamen die erzürnten Ehemänner mit erhobenen Spazierstöcken angetrappelt, um meinem Freund ihre Meinung über seinen Fahrstil mitzuteilen.

So schnell es ging, sprang er humpelnd auf sein Rad, und machte sich davon.

Ob des grotesken Geschehens von kreischenden Frauen, der Flug auf die Kuh mit seinem Fall in die Kuhfladen und der Reaktionen der Ehemänner, mußte ich lauthals lachen.

Die Herren wurden noch zorniger, und gingen jetzt auf mich los. Sie haben mich natürlich nicht erwischt.

Anschließend lachten mein Freund und ich noch einige Zeit, während er sich in einem kalten Bächlein notdürftig reinigte und seinen stark geschwollenen Knöchel kühlte. Er wollte ein paarmal den genauen Ablauf seiner »Spezialbremsung« aus meiner Sicht hören. In seiner Not war für ihn alles viel zu schnell abgelaufen, um sich an die Einzelheiten erinnern zu können.

Für ihn blieb dann nach dem »Vergnügen« noch der Weg von etwa 35 km, mit dickem Knöchel nach Hause zu strampeln.

* * *

Die Zeit verging, wir wurden älter, was jedoch noch lange nicht hieß, daß wir viel ruhiger wurden.

Meinem Vater konnte ich nach einigen heißen Disputen klarmachen, daß ich keinesfalls gewillt war, das Abitur zu machen, um dann zu studieren.

Ich wollte in einen Beruf eintreten, welcher mir auch einigermaßen Spaß machte, und der vor allem etwas »abwarf«. Seinen erwünschten Architekten könne er sich »an den Hut stecken«, der erforderte mir viel zuviel Rechnerei und Planzeichnungen. Das wäre mir als Beruf viel zu nüchtern.

Ich wollte Drogist werden, was damals ein durchaus anspruchsvoller kaufmännischer Beruf mit guten Verdienstmöglichkeiten war, – vor allem wenn man eine eigene Drogerie sein eigen nannte.

Hinzu kam, daß eine Drogerie viele Sparten umfaßte, und wer wollte konnte sich, je nach Lage und Anforderungen seiner Kunden spezialisieren.

Eine gute Drogerie konnte zu damaliger Zeit bis zu zehntausend verschiedene Artikel im Angebot führen.

Ich hatte Glück und konnte kaum einen Kilometer von unserem Haus entfernt eine Lehrstelle antreten.

Neben dem Beruf hatte ich meinen Sport, die Leichtathletik als kräfteregulierendes Hobby, und sie blieb es noch eine Weile im Berufsleben.

Die meiste Freizeit verbrachte ich mit vielen Kameraden auf dem Sportplatz.

Daß es sowohl in der Lehre als auch auf dem Sportplatz genügend Gelegenheit gab, etwas aus dem Rahmen des Alltäglichen auszubrechen, mag eine Auswahl der folgenden Episoden aufzeigen.

Beginnen wir mit dem Sport.

Es war im Sommer 1952. Ich startete zum letzten Male in einem Mehrkampf in der A-Jugend, und mußte somit die ungeliebten 1000 m laufen.

Vermutlich waren es die deutschen Jugendmeisterschaften in Kassel. Recht viel mehr weiß ich über das »sportliche Rahmenprogramm« nicht mehr.

Es war ein heißer Sommertag gewesen, ein guter Teil unserer Mannschaft hatte die Disziplinen hinter sich, und wir gingen zum nahen Fluß, um zu baden.

Alle meine Kameraden tobten im Wasser. Obwohl ich normalerweise eine Wasserratte bin, zog ich es vor, auf einen schräg gewachsenen Baum zu klettern, welcher ein paar Meter in den Fluß hineinragte. Vermutlich war mir das Wasser für ein erfrischendes Bad doch zu »trübe«.

Hier saß ich nun in meinen zwei übereinandergetragenen Trainingsanzügen, sowie den Turnschuhen in etwa 5 Metern Höhe über dem Fluß, und lästerte über die matten Schwimmkünste einer meiner Freunde.

(Selbst bei größter Hitze trugen wir meist zwei Trainingsanzüge übereinander, um zwischen den Disziplinen die Körperwärme möglichst gleichbleibend zu halten, was uns das jeweilige Warmlaufen erleichterte.

Ach, du liebe Zeit, wird sich vermutlich mancher denken, in der Sommerhitze mit zwei Trainingsanzügen übereinander, trifft einen doch der Hitzschlag.

Weit gefehlt, es ist weitaus angenehmer, als mit nur leicht bekleidetem Körper der Sonne direkt ausgesetzt zu sein.

Die Anzüge halten die eigene Körperwärme, die Außenhitze hingegen ab. Motto: Was gegen die Kälte gut, ist es ebenso bei Hitze. Es ist in etwa so, als läge man im warmen Bett.)

Dieser Freund mit seinem seltsamen Schwimmstil wurde leicht ärgerlich, stieg aus dem Wasser, kletterte zu mir auf den Baum, um mich ins Wasser zu werfen.

Sein Kommentar: »*Ich will einmal sehen, wie gut **du** schwimmen kannst.*«

Mein Sitzplatz war sehr komfortabel, denn ich konnte mich an dicken Ästen festhalten. Er hingegen war in dieser Hinsicht stark benachteiligt, und so landete er logischerweise nach einer kleinen Rangelei wieder im Wasser.

Daraufhin ging dieser »Abwerf-Wettkampf« mit einigen anderen meiner Kameraden weiter, aber sie hatten keine Chance, mich ins Wasser zu werfen, denn alle flogen mangels besseren Halts ebenfalls ins Wasser.

Schließlich meinte ich, daß ich jetzt freiwillig, so wie ich bin, inklusive Geldbeutel, ins Wasser springe, was sie bezweifelten. (Wir waren lediglich mit den Trainingsanzügen im Bus gekommen, und wollten anschließend sofort zum Essen. Die Kleider waren deshalb noch in der Unterkunft. So weit dachte ich aber im Moment natürlich nicht.)

Ich sprang und – wäre dann fast »abgesoffen«. Erstens vor Lachen, und zweitens wegen der Trainingsanzüge.

Wir trugen damals noch ziemlich voluminöse Modelle aus Wolle. Das hatte zur Folge, daß jede normale Schwimmbewegung in den nassen Stoffmassen »erstarb«.

An Kraulen war überhaupt nicht zu denken. Das Gewicht der nassen Ärmel drückte mich sofort unter Wasser.

Da ich ausgebildeter Rettungsschwimmer und gut bei Luft war, kam ich nicht in Panik.

Gerade als ich mit dem Ausziehen beginnen wollte, fand ich Grund unter den Beinen und stieß mich Richtung Ufer ab.

Unter allgemeinem Gaudium watete ich an Land, wobei langsam »der ganze Fluß« aus meinen Anzügen abfloß.

Nun versuchten wir gemeinsam die Anzüge, zumindest so gut es ging, trocken zu bekommen. Es war ein ziemlich aussichtsloses Unterfangen.

Selbst wildeste Schleuderbewegungen zogen die Beine höchstens in die Länge, halfen aber wenig.

Na ja, das Abendessen war bestellt, und wir mußten kurz darauf in den Bus. Also stieg ich mit meiner »feuchten« Kleidung ein.

Vorsichtshalber setzte ich mich auf die hinterste Bank und zog während der Fahrt die Anzüge aus.

Für unseren damals üblichen Versorgungsstandard nach Wettkämpfen, kamen wir in einem für unsere Begriffe ausgesprochen noblen Restaurant an.

Wir waren einfache Wirtshäuser, und ab und zu ein besseres Restaurant gewöhnt, und nun das.

Hier war festlich mit Blumen, Kerzen und Stoffservietten gedeckt. Geschnitzte Stühle, welche jeweils eher einem kleinen Thron ähnelten und weinrot gepolstert waren. Die Ober, vornehmer als das Haus selbst, blickten leicht pikiert »auf das einfache, sportliche Volk«, und vor dieser Pracht stand ich jetzt mit meinen »feuchten« Anzügen.

Was sollte ich tun? Bis auf die Wettkampfkleidung ausziehen? – Unmöglich, beim Stil des Hauses. Nach einigem Zögern setzte ich mich in den hintersten Winkel.

Als ersten Gang gab es Krebssuppe! Oh, wie aufregend, so etwas hatte natürlich keiner von uns je gegessen.

Als die Getränke zum zweiten Male nachgereicht wurden, blieb ein paar Meter entfernt der Ober mit entsetztem Blick stehen und starrte hinter mich auf den Boden.

Da andere Sportfreunde mitstarrten, bequemte ich mich ebenfalls, nach hinten und unten zu sehen.

Oh, wie peinlich, ein kleines Bächlein mit anschließender Lache hatte sich unter meinem Stuhl auf dem gewienerten Parkettboden gebildet.

Der Anpfiff meiner Betreuer war nicht von schlechten Eltern. Es half nichts, daß meine Kameraden beteuerten, daß ich am Ufer ausgerutscht und dann im Fluß gelandet sei.

Die Standpredigt lief sinngemäß so ab: »*Hätte ich was gesagt, so wäre man am Hotel vorbeigefahren und ich hätte meine trockenen Kleider anziehen können, so hingegen fallen die Kosten für die Aufarbeitung des Sessels an, usw., usw.*«

Das war das mindeste, was ich zu hören bekam. Folge: In Kleidern habe ich nie wieder gebadet.

Es könnte im Sommer des gleichen Jahres gewesen sein. Gleich zu Beginn des Trainings überdehnte ich beim Hochsprung den Knöchel, brach dieses ab und ging verhältnismäßig früh zum Duschen.

In der ehemaligen Tribüne des Club-Sportplatzes gab es vier Duschräume. Gegenüber davon lagen ein Teil der Umkleidekabinen für die Gäste bzw. ausschließlich der Damen.

Die beiden ersten Duschräume benutzte meist die erste Fußballmannschaft, und wenn Spiele waren, die Gastmannschaften.

Für uns Männer gab es den Duschraum drei, und ab und zu, wenn viel Sportaktivitäten anfielen, dazu auch Nummer zwei.

Unsere Leichtathletinnen und andere weibliche

Sportlerinnen waren ausschließlich im Duschraum vier. Das war eingespielt, und es gab nie ein Versehen.

Ich ging also nach oben, zog mich aus, schlug mein Handtuch um die Hüften, ging in Badeschlappen in den kleinen abgeteilten Vorraum von Dusche drei, und hängte mein Handtuch an den Haken.

Alle Duschen liefen, und es wurde offensichtlich gut warm geduscht. Deshalb herrschte im Raum dikker Nebel.

Da ich mir Gedanken über meinen Knöchel machte, wurde mir erst im nachhinein bewußt, daß bei diesem Hochbetrieb kein Gespräch zu hören war. Alles lief in neblig, gespenstischer Stille ab.

Gleich an der ersten Dusche war ein kleiner Zwischenraum im Kreis der nackten Leiber, und ich drängelte mich dazwischen und erstarrte.

Ich stand in einem Kreis von etwa fünf nackten Mädchen, welche mich ebenfalls entgeistert anstarrten.

Kein Ton, geschweige Kreischen, wir starrten uns gegenseitig sprachlos von oben bis unten an.

Nach scheinbar endlosen Sekunden fing eines der Mädchen laut zum Lachen an, und wir alle lachten befreit mit. Nun bemerkte es auch der Rest unter der nächsten Dusche, und es gab ein allgemeines Gelächter und großes Balliho.

Ich wollte gehen, aber **das** wollte nun wieder die ganze Schar nicht.

Bei unserer heutigen freien Gesellschaftsform kann kaum jemand der jüngeren Generation nachvollziehen, wie extrem diese Situation damals für beide Teile war.

Für beide Geschlechter war das dazumal geradezu frivol, vielleicht in etwa so, als wenn der Priester in der gemischten Sauna seines Sprengels auftauchen würde.

Vielleicht noch mehr, denn heute ist man im allgemeinen in solchen Dingen weitaus »gelassener«, als es damals der Fall war.

Wir jedenfalls hatten dabei einen unbeschreiblichen, fast überdrehten Gemütszustand.

Wie es dazu kam? Ganz einfach, es waren Mädchen einer Gastmannschaft, welche soeben bei uns ihr Hockey-Spiel ziemlich hoch verloren hatten. Sie hatten die Umkleidekabine vis-à-vis der Dusche Nummer drei.

In ihrem Frust und auch geschafft vom Spiel, achteten sie nicht mehr auf Duschraum vier, und standen deshalb auch frustriert und schweigend unter den Duschen von Nummer drei.

Ich hingegen richtete mein Augenmerk mehr auf meinen schmerzenden Knöchel als auf die Rückenprofile, als ich in den Kreis drängelte, und so geschah das damals Unmögliche.

Etwas später, als ich das Geschehen meinen Kameraden erzählte, stieß ich auf völligen Unglauben. Von »*Das hättest du wohl gerne gehabt*« bis zum »*... von wegen, die hätten dir eher die Augen ausgekratzt, als dich mitduschen zu lassen*«, reichten ihre Kommentare.

Da fiel mir das Sprichwort ein: »Der Kavalier genießt und schweigt«, und ich machte mich still in mich hineinschmunzelnd auf den Nachhauseweg.

Wechseln wir zur Abwechslung in die Lehrzeit.

* * *

Im Winter 1953/1954 wurde ich vom Stammgeschäft in die Filiale versetzt.

Diese lag etwa einen Kilometer weiter an einer Hauptstraße, der Allersberger Straße, und hatte ein umfangreicheres Warenangebot sowie reine Laufkundschaft.

Im Winter gab es hier allerdings einen gravierenden Nachteil. Dieses Geschäft war in einem Behelfsbau untergebracht, welcher über den Kellergewölben eines ehemaligen Wohnhauses errichtet war. Diese Keller konnten wir teilweise als zusätzlichen Lagerraum benützen.

Einzige Heizquelle des ziemlich großen Ladens mit anschließendem Lager und Dunkelkammer war ein mickriger Kanonenofen.

Das Ganze bei einer dünnen Außenwand von einfacher Backsteinbreite, welche lediglich eine dünne Dämmplatte als Kälteschutz aufgenagelt hatte.

Im Laden waren noch große Auslagenfenster, und ständig ging die Türe auf und zu.

Außerdem war unser Chef der Meinung, daß als Heizmaterial das Altpapier, welches über das Verpackungs- und Dekorationsmaterial anfiel, durchaus ausreiche.

Wir hatten weder Holz noch Kohlen, und entsprechend »gemütlich« temperiert waren im Winter die Räumlichkeiten. Die Temperaturen lagen an kalten Tagen nur knapp über dem Gefrierpunkt.

Unser Chef hielt sich meistens nur in den Hauptgeschäftszeiten im Laden auf. Oft ging er zum Schachspielen, deshalb machten ihm die paar Abend-Stunden in dieser kalten Bude weitaus weniger zu schaffen.

In jenem Winter hatten wir eine längere Kälteperiode, und so blieb es nicht aus, daß über Nacht die Wasserleitung in der Dunkelkammer einfror.

Das nötige Wasser für deren Betrieb mußten wir mit einem Eimer aus dem Keller holen.

Im Laufe des Nachmittags war ich wegen der lausigen Kälte äußerst grantig, und sagte zu unserem Gesellen, daß ich nicht im Traum daran denke, bis zum Abend zu bleiben.

Er meinte lediglich, daß er sehr gespannt sei, wie ich das wohl anstelle.

Noch hatte ich keine feste Idee, wie es ablaufen sollte. Mir fiel auch nachmittags nichts ein.

Inzwischen war auch unser Chef für das Abendgeschäft eingetroffen, und der Geselle foppte mich, da ich noch immer da war.

Als ich wieder Wasser vom Keller in die Dunkelkammer bringen mußte, hatte ich die Lösung.

Ich setzte mich kurz auf die vorletzte Kellerstufe, goß reichlich Wasser über meine Beine, warf den Eimer ein paar Stufen höher, damit er scheppernd nach unten rollen konnte, setzte mich blitzschnell ganz unten in das ausgeschüttete Wasser auf den Boden und begann zu stöhnen, mühsam aufzustehen und dann zu humpeln.

Als mich unser Chef so durchnäßt und »vor Schmerzen« gekrümmt jammern sah, schickte er mich sofort nach Hause.

Ich hatte es geschafft, und zusätzlich blieb ich noch ein oder zwei Tage »wegen der Schmerzen« daheim, um der kalten Bude zu entkommen.

Zugegeben habe ich es nie, obwohl unser Geselle mir gegenüber Stein und Bein schwor, daß das Ganze nur getürkt war.

Die Tage blieben kalt, und wir froren im Laden bei Temperaturen knapp über dem Gefrierpunkt.

Es mußte Abhilfe geschaffen werden, und ich fand dann auch heraus wie.

Während der Inventur fielen uns wieder alte Wachsbestände auf. Sie wurden nicht mehr gelistet, denn das Wachs war bereits etwas eingeschrumpft, und kam außerdem durch die inzwischen innen und außen angerosteten Büchsen für einen Verkauf nicht mehr in Frage.

Während wir so still vor uns hinfroren, fielen mir diese Wachsdosen ein, und ich kam zu der Überzeugung, daß sie uns ab sofort als Wärmespender zu dienen hatten.

Wir begannen vorsichtig. Als jeweilige Heizportion gab ich etwa ein Achtel der Büchsen zum Altpapier dazu.

Es funktionierte prächtig. Das Wachs lief in den Aschenkasten und brannte von hier aus äußerst wärmespendend ab. Wir waren zufrieden.

Das ging solange gut, bis eines Tage der neue Lehrling vom Hauptgeschäft, welcher uns ab und zu stundenweise zugeteilt war, die Sache übertrieb.

Ihm war es leid, das Feuer ständig zu überwachen, und er wollte der Sache insofern aus dem Wege gehen, indem er den Inhalt einer ganzen Dose (vielleicht auch mehr?) in den Ofen warf.

So schnell konnten wir gar nicht schauen, und wir hatten im wahrsten Sinne »Feuer unterm Dach«.

Der Ofen bullerte wie verrückt, und er, sowie das Ofenrohr, glühten bis zum Kamineingang in hellstem Rot.

Glücklicherweise war der Aschenkasten kurz vorher geleert worden, und das verflüssigte Wachs hatte darin Platz, sonst wäre der Laden abgebrannt.

Wie es so im Leben ist, im ungeeignetstem Moment

kam außerdem unser Chef außerplanmäßig in den Laden, und war wegen unseres »Feuerwerks« völlig aus dem Häuschen.

Wir hielten es bislang immer so, daß wir kurz vor seinem zu erwartenden Eintreffen unsere »Zusatzheizung« einstellten, so daß er nie mitbekam, warum wir plötzlich eine erträglichere Ladentemperatur erzielten.

Wir meinten ob des glühenden Ofens nur, daß irgend etwas im Altpapier gewesen sein muß, was wir offensichtlich übersehen hatten.

Das hat er dann auch akzeptiert und ließ es auf sich bewenden.

Im Jahr darauf rückte der Kanonenofen noch dramatischer in den Mittelpunkt.

Die Wachsbestände waren bereits im letzten Frühjahr zu Ende gegangen, und wir waren wieder beim Altpapier angelangt. Es war Anfang Januar, und wir verbrannten die leeren Kartons der Feuerwerkskörper.

Niemand könnte sich heute noch vorstellen, welche Mengen an Feuerwerk wir zum Jahresende verkauft hatten, denn es gab damals weitaus weniger zugelassene Verkaufsstellen, vor allem der Verbrauch an Kleinfeuerwerk dürfte bestimmt größer als heute gewesen sein.

Die Knallerei setzte bereits kurz nach Weihnachten ein, und ging bis zum 31. Dezember auch tagsüber munter weiter.

Raketen verkauften wir nur am Rande. Sie waren den meisten zu teuer. Die Renner waren Schweizer Kracher in verschiedenen Ausführungen, bis hin zur Größe gewaltiger Kanonenschläge.

Dann die Schwärmer, Heuler, Frösche in verschiedenen Größen, Feuerräder und vieles mehr.

Die unverkauften Bestände waren noch nicht ins Hauptgeschäft zurückgebracht worden, und wir hatten noch schachtelweise die »freie Auswahl«.

Es war ruhiger Geschäftsgang, und wir langweilten uns. Irgendwer warf zunächst einen »Schweizer Kracher« in den brennenden Ofen.

Es krachte überraschenderweise ziemlich harmlos, trotzdem waren wir zunächst damit zufrieden.

Etwas später folgte ein Frosch mit defekter Lunte, und der war auch nicht besonders attraktiv.

Dann stach uns der Hafer. Aber anstatt langsam zu steigern, warf der Lehrling vom Stammgeschäft, welcher gerade wieder einmal hier war, so schnell konnten wir gar nicht gucken, den stärksten Kanonschlag in den Ofen. (Ich darf hier erwähnen, daß solche Kaliber meines Wissens heute nicht mehr auf dem Markt sind. Es war ein Würfel mit etwa fünf bis sechs Zentimeter Kantenlänge, und er war mit starken, gelackten Hanfschnüren umwickelt.)

Was sich nun abspielte, spottete jeder Beschreibung. Es folgte ein fürchterlicher Schlag.

Alle Klappen unseres Ofens flogen auf, der Aschenkasten schlitterte staubend über den Boden, und die Reste der brennenden Kartons flogen durch den Raum. Wir hatten alle Hände voll zu tun, um alles schnellstens zu löschen.

Es sah aus, als wenn im wahrsten Sinne des Wortes eine Bombe eingeschlagen hätte.

Damit war die Sache aber noch nicht ausgestanden. Neben unserem Geschäft war in dem Notbau, nur durch eine dünne Mauer abgetrennt, die »*Kaffeebohne*«, ein kleines Café untergebracht.

Dessen Ofen war mit seinem Rohr an unseren Kamin in fast gleicher Höhe angeschlossen.

Unser Ofenrohr wurde durch den Explosionsdruck nicht aus dem Kamin gerissen, aber jenes der *Kaffeebohne*.

Es flog nach Aussage des Personals mitten in das Lokal und verteilte den Ruß gleichmäßig über ein paar Gäste, die Tische und Stühle sowie das ganze Gebäck. Glücklicherweise saß niemand in seiner Flugbahn.

Das Rohr war heiß, die Bedienungen zu Tode erschrocken, und ihr Ofen brannte und qualmte weiter.

Sie mußten das Café für den Rest des Tages wegen Reinigungsarbeiten schließen.

Unser Chef war außer sich, da auf ihn einige Reinigungs- und Betriebsausfallkosten zukamen.

Letztendlich konnte er gegen uns nichts ausrichten, da wir ja die leeren Kartons des Feuerwerks als Heizmaterial verbrennen sollten.

Es kann schließlich vorkommen, daß wir einen verbliebenen Feuerwerkskörper übersahen und versehentlich in den Ofen steckten.

Es wurde uns ab sofort verboten, die Schachteln der Feuerwerkskörper zu verbrennen.

Endlich bekamen wir Holz und Kohlen.

Vielleicht nur eine Woche später, fuhr wegen unserer »Nebenaktivitäten« der Chef sein Auto fast an die Hausmauer.

Der Wagen war neu und sein ganzer Stolz. Damit dem guten Stück nichts zustieß, wurde es stets vor unserem Hinterausgang im Hof geparkt.

Von Silvester waren vier oder fünf defekte Raketen übriggeblieben, welche wir »für später« auf die Seite gelegt hatten.

Langsam wurde es Zeit, diese ihrer eigentlichen Bestimmung zu übergeben.

Nachdem wir die abgetrennten und gebrochenen Stäbchen wieder angeklebt und zusammengefügt hatten, hielten wir an einem ruhigen Spätnachmittag im Hinterhof, es dämmerte schon, mit diesen lädierten Raketen nachträglich unser eigenes kleines Privatfeuerwerk ab.

Als letzte war eine an der Reihe, welche nur noch über knapp ein Drittel ihres Stäbchens verfügte. Natürlich sollte auch sie in den Abendhimmel steigen.

Wir hatten nicht bedacht, daß erstens die Rakete mangels eines zu kurzen Führungsstäbchens gar nicht daran dachte, in den Himmel zu steigen, und zweitens unser Chef, entgegen aller Gewohnheit, früher zurückkommen könnte.

Wir zündeten die letzte ihres Stammes an, und sie raste im wilden Zickzack flach durch die Luft, wieder auf den Boden und erneut kurz darüber.

Wie das Leben so spielt, im ungünstigsten Moment bog unser Chef mit seinem neuen Wagen um die Ecke, und unmittelbar vor seinem Wagen zündete die Rakete die bunten Kugeln, welche ausgerechnet auf der Windschutzscheibe aufprallten.

Vor Schreck, und außerdem leicht geblendet, ließ unser Boß das Steuer los, und vergaß zu bremsen.

Im letzten Moment kam er dann doch noch etwa Handbreit vor der Mauer zum Stehen.

Das Donnerwetter, welches über den Gesellen und Lehrling hereinbrach, war nicht von schlechten Eltern.

Bei allem war ich nur deshalb außen vor, da ich die vorausgegangene Auslosung verloren hatte und den Laden betreuen mußte. Das ganze Spektakel konnte ich nur in begrenztem Maß vom hinteren Fenster aus beobachten.

Wie sollte ich also wissen, was die zwei anderen Burschen im Hof trieben? Schließlich hatte ich im Laden bedient.

* * *

Was jetzt kommt, ist aus zweiter Hand, und deshalb kann ich mich dafür nicht verbürgen.

Mein Lehrgeld von damals DM 35,– pro Monat war alles andere als üppig für einen Zwanzigjährigen, denn damit fiel automatisch das Taschengeld meiner Eltern weg.

Sie waren der Meinung, daß der Mensch zunächst das Sparen mit eigenem Geld lernen sollte.

Aus diesem Grund halte ich es durchaus für möglich, daß die Sache so ablief, wie mir kürzlich vom damaligen Gesellen Helmut erzählt wurde.

Es ging angeblich um eine Wette von jeweils DM 5,–, und das ergab bei zwei Gegenspielern immerhin zehn Mark, also ein knappes Drittel meines damaligen Gehaltes.

Wir hatten im Geschäft eine Maus lebendig gefangen, und während wir sie so betrachteten, kam irgendwie die Rede darauf, daß es Leute geben soll, welche für ein paar Pfennige einer lebenden Maus den Kopf abbeißen.

Ich soll bemerkt haben, daß dies kein Kunststück wäre, und so kam ich unversehens in Zugzwang.

Allerdings wäre ich nicht bereit gewesen, dies für ein paar Pfennige zu tun.

Ich verlangte fünf Mark pro Kopf, und da mir die beiden das nicht zutrauten, willigten sie ein, vermutlich ebenfalls mit dem Hintergedanken, ihren kargen Lohn etwas aufzubessern.

Was dann gekommen sein soll, mit dem hatten sie nicht gerechnet. Ich soll die Maus gepackt, ihr schnell mein Taschentuch über den Kopf gelegt haben, und *ruck zuck*, ab war der Kopf, und sie waren jeweils DM 5,– los und ich um DM 10,– reicher.

Ein Vermögen, wenn wir bedenken, daß noch 1958 ein halber Liter Bier in einer Gaststätte 25 Pfennige kostete, und drei Bratwürste mit Kraut um 80 Pfennige zu haben waren.

Zugegeben, das war ziemlich degoutant, aber wir kamen aus einer harten Kriegszeit, und es lag nur ein paar Jahre zurück, daß für mich als Tagesration nur eine kleine gekochte Kartoffel mit Salz da war.

Meine Eltern hatten an diesem Tag gar nichts zu essen. Vielleicht relativiert sich damit mein damaliges Verhalten etwas.

Mir selbst ist diese Begebenheit vollkommen entfallen, aber für möglich halte ich es, zumal im Hinblick auf die nächste Episode.

Bevor ich weitererzähle, muß ich die Personen des Dramas vorstellen.

Im Stammgeschäft hatten wir einen Lehrling, den Hans, bereits erwähnt als Bohnerwachsheizer und Kanonenschlagspezialist. Außerdem gab es dort noch den Gesellen Günther.

Dieser Günther mußte während der Mittagspause des Gesellen Helmut und meiner, als Vertretung zu uns in die Filiale kommen.

Es war üblich, daß Günther mindestens eine Viertelstunde länger als nötig dablieb, meistens wurde daraus eine halbe Stunde, manchmal noch mehr.

In dieser Zeit, wenn wir zu dritt waren, trieben wir so manchen »Kurzweil«, zumal mittags im Laden wenig los war.

Eines Tages standen »Mutproben« auf dem Programm. Wie wir sie zu Beginn betrieben haben, ist mir entfallen.

Jedenfalls kamen wir an diesem Tag darauf, zunächst ein Glas Wasser mit einem gehäuften Eßlöffel Gips zu schlucken.

Kein Problem. Gips in ein Glas Wasser, gut umgerührt, Augen zu und runter.

Es ging mit ähnlichen Stoffen weiter. Mir ging die Lust aus, und ich wollte die Sache beenden und sagte sinngemäß, daß es reicht, wir könnten ja gleich Brechweinstein schlucken.

Günther meinte nun, daß dies für ihn kein Problem sei, und bestand auf einer letzten Mutprobe.

Er nahm das Glas, tat etwa einen halben Teelöffel hinein, Wasser dazu und schluckte es weg.

Wollte ich mich nicht lumpen lassen, so war ich jetzt an der Reihe. Also erneut die gleiche Prozedur, und nun war die Reihe an Helmut.

Dieser zögerte und gab mit der Begründung auf, daß, falls das Zeug schnelle Wirkung zeigt, schließlich noch einer im Laden bedienen muß.

Außerdem hätten wir nur eine Toilette. Das mußten wir notgedrungen akzeptieren, obwohl wir etwas ärgerlich waren. Wir hatten den Brechweinstein im Leib, und er war fein heraus.

Zunächst ging alles glatt. Nach etwa einer Stunde nahm das Drama seinen Lauf.

Mir wurde schlecht, mir wurde noch übler, und dann wurde mir so übel, wie nie wieder in meinem Leben.

Für Stunden umarmte ich die »die Schüssel« und war kaum fähig, auf den Beinen zu stehen.

Als der Chef kam, fragte er natürlich nach den Gründen für das Unwohlsein, und da wir für den Fall des Falles ausgemacht hatten, daß Günther und ich uns zusammen einen Fleischsalat gekauft hatten, schob ich die Ursache darauf und durfte nach Hause wanken.

Günther hatte es noch schlimmer erwischt.

Er bekam einen rasanten Brechdurchfall und konnte »das Häuschen« kaum noch verlassen.

Außerdem hatte er bei den jeweiligen Anfällen »Abstimmungsschwierigkeiten« zwischen sitzen und knien.

Als unsere Chefin ihn wegen der wahren Ursache bedrängte, wurde er weich und gestand dann die »Mutprobe«, und dummerweise noch den Brechweinstein.

Wäre er bei Gips oder sonst etwas geblieben, wäre es bei einem normalen Anpfiff geblieben.

Da wir aber zu einem Gift der Abteilung II gegriffen hatten, mußten die Eltern kommen.

Wir standen beide kurz vor dem Rausschmiß, schließlich hatten wir auch noch Gifte der Abteilung I, wie Zyankali und ähnliche Produkte, sowie Rattengift und andere Schädlingsbekämpfungsmittel wie E 605, im Dutzend im Giftschrank stehen.

»... *Nicht auszudenken, wenn wir damit unsere ›Mutproben‹ durchgeführt hätten, ganz zu schweigen von unserer psychologischen Eignung für diesen verantwortungsvollen Beruf ...!*«, so unsere Chefin.

Der Leidensweg von Günther war aber mit den dramatischen Nachmittagsstunden noch nicht ausgestanden.

Er war von auswärts und mußte abends mit dem Zug nach Hause. Nun wurde Hans, der Lehrling, beauftragt, das schwankende Häuflein Elend bis zum Bahnhof zu begleiten.

Die schlimmste Demütigung stand ihm noch bevor.

Vor dem Südausgang des Nürnberger Bahnhofs war damals ein vollkommen übersichtlicher, geräumter Schuttplatz, den alle Berufspendler und -pendlerinnen überquerten.

Hier packte ihn erneut ein starker »rückseitiger Anfall«. Knapp fünfzig Meter entfernt die Bahnhofstoilette, sie war für ihn in unerreichbarer Ferne.

Es blieb ihm nichts anderes übrig, als bei lebhaftem Pendlerverkehr »auf dem Präsentierteller« den Dingen ihren Lauf zu lassen. Das war das Ende aller Mutproben.

* * *

Es gab nicht nur das Geschäft, es gab dazu noch die Fachschule.

Mit der Unterprimareife war ich der Älteste, und bekam als eine Art Vertrauensposten die Verwaltung der Chemikalien.

Die Drogisten mußten damals dieses Schulzimmer gemietet haben. Anders kann ich mir das heute nicht erklären, denn wir hatten unter den mindestens hundert offen im Regal stehenden Chemikalien ziemlich brisante Exemplare, noch dazu in beträchtlicher Menge von rund einem Kilo.

Es wäre bestimmt nicht aufgefallen, hätte ich mir 50 g Zyankali oder Strychnin abgezweigt.

Es gab z.B. noch jeweils ein Literglas gefüllt mit reinem Kalium und Natrium, sowie eine Reihe anderer höchst problematischer Stoffe. Warum wir das brisante Zeug überhaupt hatten, ist mir heute ein Rätsel.

Wir hatten bis auf ein paar extreme Ausnahmen diese ebenfalls im Geschäft, aber nie ein Gramm verkauft, und wir hatten sie in der Fachschule auch nur zum Ansehen.

Eines Tages wollte uns unser Fachlehrer die Wirkung von Chemikaliengemischen demonstrieren.

Sie werden verstehen, daß ich die Namen der betreffenden Stoffe des folgenden Versuchs nicht nenne. Jeder für sich ist in der Apotheke frei zu kaufen.

Vermischt man diese Stoffe, so stellen sie in ihrer Explosivkraft Schießpulver locker in den Schatten. Die Sprengkraft dieses Gemisches soll fast die Werte von Nitroglyzerin erreichen, und hochgradig druckempfindlich ist es auch.

Unser Chemiepauker, Dr. Gauckler, war eine Seele von Mensch, gutgläubig und stark kurzsichtig. Seine dicken Brillengläser zeigten kaum noch seine Augen. Das nützte ich einmal schamlos aus.

An diesem Tag gab er mir ein kleines Stück Seidenpapier von ca. 15 cm Kantenlänge, und die Order, von den speziellen zwei Chemikalien jeweils eine Menge in der Größenordnung eines Stecknadelkopfes zu entnehmen.

Diese Mengen sollte ich dann auf dem Seidenpapier homogen vermischen.

Die ganze Klasse stand um den langen Labortisch, welcher wie ein Katheder vor den Bänken erhöht stand. Unser Pauker stand etwas abseits und beantwortete Fragen eines Schülers.

»*Stecknadelkopf*«, sagte er.

In der Hand hielt ich ein Einliter-Schraubglas, fast bis zum Rand gefüllt mit einer dieser Chemikalien.

Hm? Vermutlich meinte er Glasstecknadelköpfe.

Wie sollte ich diese Pipifaxmenge von zwei normalen Stecknadelköpfen auf dem Papier überhaupt homogen vermischen? Das bleibt doch alles schon auf der Fläche haften. Was soll das Spielchen mit jeweils zwei Stecknadelköpfen?

So in etwa dachte ich, und erhöhte die Menge großzügig jeweils auf etwa einen halben, gehäuften Teelöffel.

Dann mischte ich diese Portion vor den erstaunten Augen meiner Mitschüler durch vorsichtiges mehrmaliges Übereinanderlaufenlassen, und faltete das Papierchen, ähnlich einer Knallerbse zusammen.

Die Frage, ob ich alles ordnungsgemäß erledigt hätte, bejahte ich.

Was nun kam, machte mich sehr, sehr nachdenklich. Die Schüler wurden jetzt gebeten, sich ganz nach hinten zu begeben.

Da der Pauker *sooo* vorsichtig wurde, war das »Zeug« offensichtlich gefährlicher, als ich mir in meinem Übermut vorgestellt hatte.

Jetzt kam von hinten als weitere Anleitung, das Papierchen auf der hinteren Seite des Labortisches auf den Boden zu legen, mich möglichst geschützt auf der Seite niederzuknien, und mit dem bereitgelegten Hammer auf das Gemisch zu schlagen.

Mir schwante Unheil.

Wenn »der Alte« bereits mit zwei Stecknadelkopf-Portionen solch ein Theater veranstaltete, was passierte dann wohl mit der leicht hundertfachen Menge?

Der erste Schlag ging daneben, da ich unmittelbar vor dem Auftreffen meinen Kopf hinter die Ecke zog.

Die Klasse lachte, und ich wurde ärgerlich ob meines Fehlschlages. Also sofort ein neuer, diesmal gezielter Schlag.

Es folgte ein ohrenbetörender Explosionsknall. Noch heute sehe ich den Explosionsblitz, in dem ich verschwand.

Dann sah ich nur noch einen Nebel um mich herum, in dem ich nicht einmal auf fünf Zentimeter Abstand die Hand vor den Augen sah.

Im ersten Schreck glaubte ich, daß ich blind geworden war.

Ich war etwas benommen und bekam nur langsam mit, daß unser Professor mit den Worten »*Hüßner, Hüßner, wo sind Sie, wie geht's Ihnen?*« nach mir rief.

Ich wußte nicht, daß die ganze Klasse ebenfalls in einem dicken Nebel stand. Das ganze Klassenzimmer war eingenebelt, und die Sicht selbst hinten äußerst begrenzt.

Glücklicherweise waren infolge eines heißen Sonnentages alle Fenster weit geöffnet. Vermutlich wären sonst ein paar Scheiben zerborsten, wenn nicht mehr.

Unmittelbar neben unserem Klassenzimmer war das Rektorat, und aufgrund des Donnerschlags kam unser Direktor angerannt, riß die Türe auf und muß zurückgeprallt sein, denn auch er sah nichts.

So langsam kam mein Gehör wieder voll in Ordnung, auch mein Geist fing wieder an, normal zu arbeiten, und der Nebel verzog sich langsam aus dem Klassenzimmer.

Jetzt fragte der Direktor, was hier eigentlich ablief. Sinngemäß versicherte unser Lehrer dem Direktor, ... daß er diesen Versuch schon x-mal ohne diese Wirkung durchgeführt habe.

Wahrscheinlich hätte ich das Gemisch heute besonders gut hinbekommen. Solch eine Wirkung hätte er nie im Leben für möglich gehalten.

Eigentlich wollte er mit uns noch eine winzige Menge Nitroglyzerin herstellen, aber ab jetzt werden solch gefährliche Versuche unterbleiben.

Auf die Idee, daß ich seine Mengenangaben sträflich erhöht hatte, kam er in seiner Gutgläubigkeit nicht. Vielleicht saß ihm der Schock zu tief in den Knochen.

Zu guter Letzt kam die Feuerwehr. Es muß für die Anwohner spektakulär ausgesehen haben. Zunächst der Donnerschlag, und dann der aus den Fenstern wabernde weiße »Qualm«.

Wie das mit der Feuerwehr geregelt wurde, entzieht sich meiner Kenntnis. Mir selbst war nichts passiert.

Ach ja, es dauerte einige Zeit, bis wir eine Leiter aufgetrieben hatten, um den Hammer wieder zu bekommen. Er steckte in der Decke (Rohrputz)!

Glücklicherweise verriet mich keiner aus der Klasse, welche fast alle erstaunt meine eigenmächtige Mengenerhöhung mitbekommen hatten.

Im Gegenteil, die Mädchen betrachteten mich fortan in etwa als einen kleinen Siegfried mit dem Lindenblatt.

Das sollte sich noch verstärken, denn wir machten ein paar Wochen später einen Versuch, bei dem demonstriert werden sollte, daß manche Gase wesentlich schwerer sind als Luft.

Dazu nahmen wir ein Glasröhrchen, welches unten gekrümmt war und spitz auslief.

Oben wurde auf das Röhrchen ein kleiner Trichter aufgesetzt und abgedichtet.

In den Trichter kam ein kleines Schwämmchen,

welches mit einer flüssigen, brennbaren Chemikalie benetzt wurde.

Diese Chemikalie, hatten wir unmittelbar vorher gelernt, sollte sehr gefährlich sein, die Dämpfe wären weitaus gefährlicher als jene von Benzin. Nachdem ich ja reichlich Explosionserfahrung hatte, war ich gewarnt.

Unten am verdünnten Glasröhrchen wurde nach einer Weile ein Streichholz angezündet, und richtig, eine kleine Flamme brannte.

Nach ein paar Sekunden schlug sie aber durch das Glasrohr zurück, und das Schwämmchen brannte lichterloh.

Übereifrig wollte ich die vermeintliche Gefahrenquelle löschen, indem ich das Schwämmchen herausholte und versuchte, die Flamme in meiner Hand durch Zerdrücken zu ersticken. Was nun kam, hatte ich nicht erwartet.

Die Flüssigkeit lief durch meine Finger, brannte weiter, und meine ganze Faust stand in Flammen – ohne daß ich zunächst ein Hitzegefühl verspürte.

Gebannt starrten alle meine brennende Faust und mich wie einen Fakir an. Wie lange das Schauspiel dauerte, kann ich nicht mehr nachvollziehen.

Fünf bis sechs Sekunden verliefen bestimmt, bis der Flüssigkeitsfilm auf meiner Hand abnahm, und damit die Flamme näher an meine Hautnerven herankam.

Als es heiß wurde, zog ich die Hand zwischen Körper und Oberarm hindurch, ließ dabei das Schwämmchen fallen und zeigte meine unversehrte Hand.

Im ersten Moment wurde mir gar nicht bewußt, wie dämlich ich mich verhalten hatte, denn die Bewunderung aller genoß ich aus vollstem Herzen.

Eines Nachmittags stand kaufmännische Lehre auf dem Stundenplan.

Die Klasse war an diesem Tag ziemlich »unruhig«, und unser Pauker Graf war es leid. Er drohte uns bei der geringsten Störung eine gesalzene Strafarbeit an.

Diese spätere Beeinträchtigung des Unterrichts war wirklich nur ein Klacks, aber ich war dieser Kandidat.

Die Strafarbeit selbst füllte, als sie fertig war, eineinhalb Schulhefte. Bereits zu Beginn der Schreibarbeit bemerkte ich, daß sie abartige Dimensionen anzunehmen drohte, und so bat ich meine Mutter zu diktieren.

Sehr schnell verfiel ich, zunächst nur ansatzweise, dann aber immer mehr in meinen persönlichen Stil einer Kurzschrift, welchen ich mir an der Oberschule im Laufe der Zeit zugelegt hatte.

Zum Schluß der Arbeit bestand diese mehr oder weniger nur noch aus ein paar Kringeln, Schleifen und Strichen.

Am folgenden Montag gab ich meine Strafarbeit ab. Der Pauker schlug sie auf, blätterte, starrte mich nach einer kleinen Weile entgeistert an und meinte sinngemäß:

*»Das ist ein starkes Stück, du wirst doch nicht behaupten, daß du diese Hühnerkrakeln lesen kannst? Das ist eine Frechheit sondergleichen. Ich will dir was sagen, wenn du das nicht lesen kannst, so schreibst du es bis zum nächsten Mal gleich zweimal. Kannst du es lesen, so lasse ich dir das **ausnahmsweise** durchgehen. So, jetzt ließ diese Hieroglyphen.«*

Da ich alles vorlas, ohne auch nur ansatzweise zu stocken, schüttelte der Pauker nur noch fassungslos den Kopf.

Die Krone für mich war jedoch, daß er sich das zweite Heft, welches aus »Hüßner'scher Kurzschrift« in Reinformat bestand, für seine Erinnerungen ausbat, was ich ihm gerne übergab.

Zurück zum Sport. Kurz vor den Deutschen Meisterschaften wollten wir anläßlich eines großen Sportfestes im Münchner Dante-Stadion den bayerischen Rekord für Vereinsmannschaften über die 4 x 400 Meter knacken. Soweit ich mich erinnern kann, stand der damals bei 3.18 Minuten. Es war die letzte Bestzeit aus der Vorkriegszeit.

Das Spektakel wurde sogar in der Samstags-Sportvorschau angekündigt.

Wir waren erfolgreich und schraubten ihn auf 3.16,2 Minuten. So weit, so gut.

Es wurde Abend, und wir feierten mit Cola und Bluna mit einem ehemaligen Nürnberger Leichtathleten, welcher aus beruflichen Gründen nach München umgezogen war.

Es war bereits ausgemacht, daß wir bei ihm schlafen konnten. Darüber waren wir sehr froh, denn schließlich waren wir reine Amateure ohne viel Geld, und hätten sonst noch am gleichen Abend zurückfahren müssen.

Es wurde Zeit zu schlafen, und uns wurden unsere Betten zugeteilt. Erst jetzt stellte sich heraus, daß zwei von uns in einem Bett schlafen mußten. Wer dafür in Frage kam, wurde ausgelost.

Es traf meinen Staffelkameraden Rudi und mich.

So, jetzt standen wir vorm Bett und der Frage, wer liegt hinten und wer vorn. Noch einmal wurde gelost, und ich durfte hinten liegen.

Nun begann ein kleines Fiasko, denn es stellte sich

heraus, daß dies kein Bett, sondern eine »schiefe Ebene« war.

Die Wandseite war ziemlich überhöht, und sobald ich einschlief, rollte ich in Richtung Bettkante und damit auf Rudi.

Solange ich wach war, ging alles in Ordnung, schlief ich ein, so drängte ich ihn aus dem Bett, denn er war einen halben Kopf kleiner und um einiges leichter. So ging es also nicht.

Wir wechselten und schliefen dann die halbe Nacht mehr oder weniger wie ein paar Klammeraffen im Halbschlaf bis zum frühen Morgen.

Das waren noch Zeiten, aber solche widrigen Umstände nahmen wir gelassen hin, schließlich hatten wir als »Preisgeld« einen neuen Rekord, und das war uns weit mehr wert als eine durchwachsene Nachtruhe.

Kommen wir zu einem »verlängerten Wochenende«, an dem Sport und Lehrstelle miteinander verquickt waren.

Es muß im Sommer 1954 gewesen sein. In Hamburg fanden die deutschen Meisterschaften der Leichtathleten statt. Auch unser Verein, der 1. FCN, stellte eine stattliche Anzahl an Teilnehmern.

Untergebracht waren wir in einem Hotel unmittelbar an der Außenalster.

Für die Teilnehmer war nicht jeden Tag ein Wettkampf, und so blieb Zeit für die Stadtbesichtigung. Wir nutzten sie, um uns Hamburg anzusehen. Einen Teil des Zentrums mit Rathaus, den Hafen und die Reeperbahn.

Natürlich waren einige der Männer, unter Führung eines unserer Betreuer – in Leichtathletikkreisen ein bekanntes Original – auch in der berüchtigten Straße mit ihren speziellen Schaufenstern.

Wir noch ziemlich unerfahrenen Jungen staunten nicht schlecht über das »Angebot«, und reagierten aus heutiger Sicht ziemlich unbeholfen auf die eindeutigen Gesten und Ansprachen.

Nicht so unser Betreuer, er gab sich ganz welterfahren und tat, als wäre das die selbstverständlichste Sache von der Welt.

Plötzlich sah er auf der Gegenseite ein besonders üppiges »Exemplar«, und ging schnurstracks auf das Fenster zu.

Er war von den freiliegenden Formen so gebannt, daß er stolperte und platt auf den Bauch fiel. Das I-Tüpfelchen bei dem Unfall war jedoch, er hatte kurz vorher für uns als Vitaminspender eine größere Tüte mit Obst gekauft, welche er im Arm trug.

Durch den Fall platzte die Tüte auf, und die Orangen, Äpfel, Weintrauben und Bananen kullerten vor ihm auf die Straße.

Er war so perplex, daß er zunächst liegenblieb und mit erhobenem Kopf weiterhin wie entgeistert auf »alle Herrlichkeiten der Erde« starrte.

Am Nebenfenster stand, wie aus dem Bilderbuch, ein oller Seebär mit Schlaghosen.

Dieser kam nun mit zwei, drei Schritten auf ihn zu, packte ihn am Kragen und zog ihn hoch. Dabei sagte er in Hamburger Platt, laut und deutlich zu verstehen:

»*Na, Jung, wejen so'n büschen ...*« (Vulgärausdruck) »*... broochste dich doch nicht uff'n Booch lejen.*«

Als wir das hörten, lachten wir, daß uns die Tränen über die Backen liefen. Das verstärkte sich noch, als unter den entsprechenden Kommentaren der »Damen« unser Trainer ganz beträppelt von dannen schlich. An diesem Vormittag haben wir ihn nicht mehr gesehen.

Am Nachmittag starteten wir zu einem neuen Spaziergang.
Diesmal waren ein Teil unserer Damenmannschaft mit von der Partie. Es wehte eine steife Brise, und auf der Außenalster herrschte reger Segelbetrieb. Also nichts wie hin zu einem Verleiher.
Dieser betrachtete uns Landratten ziemlich skeptisch, und meinte sinngemäß in seinem Hamburger Platt:
»*Wenn ihr alle schwimmen könnt, dann gebe ich euch ausnahmsweise eine ›Yacht‹. Aber eines sage ich euch, falls ihr ins Wasser fallt, dann kommen die Bergungskosten noch mit auf die Leihgebühr.*«
Uns war es recht, und so stiegen wir in ein für uns ziemlich großes Segelschiff mit einer beträchtlichen Masthöhe.
Als wir ablegten, rief uns der Verleiher noch nach, daß wir alle Leinen loslassen sollten, wenn das Boot zu kentern drohte. Dieser Hinweis hat uns dreimal ganz knapp davor bewahrt.
Mit unseren Segelkünsten waren wir an diesem Tag die »Attraktion« der Außenalster, aber wir hatten unseren Spaß. Wir brauchten einige Zeit, bis wir mit dem Schiff einigermaßen unter Wind segeln konnten. Inzwischen waren wir am unteren Ende des Gewässers und mußten zurück.
Uns ging »der See aus«, und wir mußten schnellstens lernen zu kreuzen. Nachdem beim Wendemanöver fast einer über Bord ging – ihn traf der untere Balken des Segels an der Schulter – hatten wir das Kreuzen einigermaßen heraus.

Brachten wir zum Schluß sogar das Kunststück fertig, das Schiff ohne große Manöver direkt auf seinen Liegeplatz zu steuern.

Der Eigner meinte, daß er fest damit gerechnet hatte, daß wir aufgrund unserer Anfangstechnik jeden Moment im Wasser liegen würden.

Es wurde Sonntagnachmittag. Wir standen im Endlauf der 4 x 400 Meter-Staffel. Nie hätte ich mir vorstellen können, zu was Funktionäre fähig sind.

Wir hatten die Bahn 1 gelost, eine der besten Positionen für 400 m-Läufer.

Obwohl wir dafür als Zeugen den Startläufer eines unserer härtesten Konkurrenten hatten, wollte uns das Kampfgericht, aus welchen Gründen auch immer, nur von der ungünstigen Außenbahn starten lassen.

Es ging eine Weile hin und her.

Währendessen schlug unser Startläufer die Startklötze einmal auf Bahn 1 und dann wieder auf Bahn 6 ein. Das lief bestimmt dreimal ab, – Bahn eins, Bahn sechs, Bahn eins, Bahn sechs …

Im Verlauf der Diskussionen stellte sich heraus, daß die Bahn 1 angeblich vom Betreuer der Konkurrenzstaffel gezogen worden wäre.

Das war laut den Regeln verboten. Die Bahn mußte damals ein Mitglied der Staffel, eine Stunde vor Start, am Stellplatz losen. Seine ganze Staffel hätte allein deshalb disqualifiziert werden müssen.

Es nützte uns nichts. Alle unsere Einwände wurden ignoriert, und uns wurde unwiderruflich die Außenbahn zugeteilt.

Das Publikum wurde unruhig, und erste Pfiffe wurden laut. Am Start herrschte eine ungemein explosive Stimmung, da auch die anderen Läufer diese Manipulation nicht verstehen konnten, und vor allem endlich starten wollten, schließlich sind die 4 x 400 m die Schlußdisziplin, und die Züge warten bekanntlich nicht.

Unser Startläufer war mit den Nerven am Ende.

Wir hatten aufgrund unserer Vorlaufzeiten gute Aussichten, »aufs Stockerl« zu kommen, wie es heute so schön heißt. Aber wir waren nicht bereit, uns verschaukeln zu lassen.

Unser »Leitwolf« Karl Friedrich Haas, immerhin der schnellste Weiße bei der Olympiade von Helsinki, und Deutscher Meister auf dieser Strecke, sagte dann, wir lassen uns nicht verschaukeln, wir gehen – und wir gingen.

Als der Stadionsprecher dem Publikum mitteilte, daß wir uns weigerten, von der Außenbahn zu starten, ging ein ohrenbetäubendes Pfeifkonzert über uns nieder, und wir kochten vor Wut und Enttäuschung, als wir über den Rasen gingen.

Es ist ein äußerst bitteres Gefühl, moralisch auf ganzer Linie im Recht zu sein, gute Aussichten auf einen achtbaren Erfolg zu haben, und dann gnadenlos ausgepfiffen zu werden. Seit dieser Zeit habe ich ein sehr gespaltenes Verhältnis zu Funktionären jeglicher Art.

Die Heimreise stand an. Es war in jeder Beziehung ein heißer Tag gewesen.

Für die bayerischen Athleten war der letzte Wagen des D-Zugs reserviert. Jeder Platz war belegt, und entsprechend warm und stickig war die Luft.

Die Nacht brach herein. Für mich war an Schlaf nicht zu denken. Das letzte Ereignis wühlte und wühlte in meiner Seele. Ich wollte Ruhe finden, am besten in der Einsamkeit, und jetzt saß ich in einem proppenvollen Zug.

Ich bekam meinen »dicken Hals«. Ich brauchte unbedingt Freiraum.

Zunächst ging ich auf den Gang, dann nach hinten, und starrte aus dem Fenster auf die ablaufenden Gleise.

Vor mir lagen auf dem Wagenboden zwei Kameraden auf ihren Decken und schliefen. Ich suchte mehr Einsamkeit, ich brauchte einen menschenleeren Freiraum, aber wo finden?

Blieb nur der Ausweg über die Türe nach draußen. Damals war es noch möglich, jede Türe der Waggons während der Fahrt zu öffnen.

Die Türen war wegen der Treppen zurückversetzt und lagen deshalb etwas im Windschatten. Dadurch war es mir möglich, sie bei voller Fahrt so weit aufzudrücken, daß ich hinauskam.

Auf dem Trittbrett zog es zu stark, also turnte ich nach hinten und ließ mich gemütlich auf dem Puffer nieder. Hier hatte ich den Platz gefunden, auf dem ich mein seelisches Gleichgewicht wieder einigermaßen ins Lot bringen konnte.

Obwohl die Nacht warm war, nach etwa einer guten halben Stunde wurde mir langsam kalt, und ich hangelte mich zurück ins Abteil auf meinen Platz.

Schlafen konnte ich trotzdem nicht, und die im Halbschlaf umherlümmelnden Kameraden trugen das übrige dazu bei, mein »dicker Hals« kam wieder, – also turnte ich wieder auf meinen »Logenplatz«.

Als ich das zum dritten Mal ausführte, bekam es mein ältester Jugendfreund, der »Leitwolf« Karl Friedrich Haas mit, wohin ich mich so zwischendurch »abseilte«. Er traute seinen Augen nicht, als er mich bei voller Fahrt des D-Zugs, friedlich auf dem Puffer sitzen sah.

(Vor ein paar Jahren, an meinem sechzigsten Geburtstag, erzählte er zur allgemeinen Belustigung diese und ein paar andere »Eskapaden« aus meiner sportlichen Ära.)

Damit war das verlängerte Wochenende noch lange nicht vorbei.

Obwohl ich kaum eine Mütze Schlaf fand, mußte ich am Montagmorgen um acht Uhr in der Drogerie sein.

Bis gegen 14 Uhr ging alles gut, aber dann wurde ich müde, und ich brauchte Streichhölzer, um die Augen offenzuhalten. Schließlich hatte ich eine fast schlaflose Nacht, und die 4 x 400 m-Vorläufe des Vortages steckten mir noch in den Knochen.

Zunächst versuchte ich mir ein Lager im Altpapier einzurichten, aber wir hatten viele Fotoaufträge, und Helmut, der Geselle, mußte in die Dunkelkammer. Also mußte ich bedienen.

Er bekam Mitleid und meinte, daß ich eine Tablette eines damals üblichen Wachmittels probieren sollte. Diesen Rat nahm ich dankbar an.

Als ich nach einer Viertelstunde keine Wirkung verspürte, schluckte ich die nächste Tablette.

Nach einer weiteren Viertelstunde hingen mir die Augen noch immer auf den Zehenspitzen, es wurde mir zu dumm, und ich schluckte die restlichen acht Tabletten auf einmal.

Langsam wurde es besser, aber die Wirkung steigerte und steigerte sich und – ich bekam einen Koffeinkoller!

In meinem Bewegungsdrang rannte ich x-mal die Kellertreppe rauf und runter.

Mein Herz schlug bis zum Hals, die Augen standen mir vor dem Kopf. Ich war richtig »high«.

Nie wieder Drogen! Zuerst der Brechweinstein und jetzt Koffein. Nein, danke, mein Bedarf war für alle Zeit gedeckt.

Nach einer Stunde wurde es wieder erträglich, und unser Chef bekam später meinen Koffeinanfall nicht mehr mit.

Dies war ein verlängertes Wochenende, welches ich mein Leben nicht vergessen werde.

Kurz nach den Deutschen Meisterschaften gab es im alten Stadion des 1. FCN im Stadtteil Zabo ein größeres Sportfest mit Spitzenathleten aus dem süddeutschen Raum. Als Gäste fungierte eine Auswahl amerikanischer Leichtathleten.

Wir waren in der 4 x 400 Meter-Staffel gefordert, und mußten gegen vier schwarze Amerikaner laufen.

Whouw, davor hatten wir mächtigen Respekt, haftete schon damals schwarzen Läufern ein gewisser Nimbus von enormer Schnelligkeit an, die Burschen sahen auch mächtig schnell aus.

Wir gewannen das Rennen knapp, aber wir gewannen.

Jetzt kam der eigentliche Clou. Als Preis gab es eine Magnum-Flasche Scharlachberg Meisterbrand.

Uns blieb die Spucke weg. Was sollten wir Cola- oder Bluna-Limonaden-Trinker mit drei Litern Weinbrand anfangen?

Hergeben kam überhaupt nicht in Frage, schließlich hatten wir unsere Angstgegner, vier schwarze Sprinter überwunden.

Also machten wir uns abends bei der Feier in der Gaststätte des Clubheims zunächst zu viert über den Weinbrand her. Bei der Größe der Flasche mußten wir selbstverständlich große Gläser verwenden, schließlich sollte kein Tropfen beim Einschenken danebengehen.

Folglich griffen wir zu Weingläsern. Als wir sehr schnell merkten, daß wir die Wirkung des Alkohols unterschätzt hatten, ging es ans Verteilen an alle.

Trotzdem hatte ich anschließend Mühe, mit meinem Fahrrad nach Hause zu finden.

Ach ja, eine Bemerkung für das weibliche Geschlecht. Die Schwarzen unterschieden sich unter der Dusche nur durch ihre Hautfarbe von uns.

Bleiben wir noch etwas beim Sport und Alkohol. Bei einem Faschingsball im Clubheim brachte ein Sportsfreund, versteckt unter seiner Jacke, eine Flasche Escorial Grün mit. Das war ein grüner Likör mit 54 % Alkohol.

Er wählte sich sechs Spezi aus, und wir verzogen uns damit auf die abgelegene und dunkle Treppe zur Geschäftsstelle zurück.

Die Flasche begann zu kreisen, und als ich an die Reihe kam, blieb mir beim ersten Schluck die Luft weg. Ich hatte genug und verließ unter Schmährufen die Runde.

Die Sache hatte ein Nachspiel, denn zwei von den Burschen fand man anderntags friedlich schlummernd auf der Treppe.

Im Spätherbst, Winter und Frühjahr standen Waldläufe auf unserem Trainingsprogramm.

Diese lief ich grundsätzlich mit meinen ältesten Spikes. Der Vorteil war, selbst im matschigen Untergrund hatte ich stets einen sicheren Tritt. Außerdem konnte ich damit sofort **jeden** Baum senkrecht erklimmen. Wozu soll das gut sein, wird sich so mancher fragen.

Noch heute rätsele ich über eine Spur im Nürnberger Reichswald.

Als ich im Frühjahr einmal allein unterwegs war, fand ich vor mir auf einem etwas abseits gelegenen Waldweg, im weichen Untergrund eine ältere Fährte, welche eindeutig von einer Großkatze stammte. Für einen Panther war sie zu klein.

Diese drei Trittsiegel von rund 13–15 Zentimeter Durchmesser gingen in die Größenordnung von Löwe oder Tiger.

Da der Tiergarten nur maximal zwei Kilometer entfernt lag, so dachte ich zunächst an ein ausgebrochenes Raubtier.

Zunächst las ich nur die Zeitung etwas genauer, fand aber keinen Hinweis.

Später ging ich davon aus, daß mir bei der Polizei niemand Glauben schenken oder gar Vorhaltungen wegen meines späten Erscheinens machen würde und ließ es auf sich bewenden.

Wie gesagt, es ist mir bis heute ein Rätsel, woher diese Fährte kam. Ich hingegen zog stets meine Spikes an und hielt meinen Mund.

Bei manchen Strecken kamen wir an kleineren und größeren, ehemaligen Sandgruben vorbei.

Dabei ließen wir nur selten die Gelegenheit aus, je nach Art der Grube, entweder ein paar Weit- oder Tiefsprünge durchzuführen.

Eines Tages schlugen wir eine ganz neue Richtung ein und standen vor einer sehr hohen ehemaligen Sandgrube.

Nichts wie rauf. *Wouw*, das sind mindestens sechs bis sieben Meter bis zum Grund. So ein Prachtexemplar kam uns bisher noch nicht unter.

Wie es so sein sollte, ich konnte es nicht erwarten und startete. Der Anlauf fiel ziemlich ab, und dadurch kam ich als Sprinter schon nach ein paar Metern auf eine verhältnismäßig große Geschwindigkeit.

Ich erreichte den Abbruch, übersah sofort die Situation und wollte noch bremsen. Zu spät, die Geschwindigkeit riß mich über die Kante hinaus.

Als erstes schrie ich **halt**! Mir war sofort klar, daß ich durch die Steilheit der Grube und meinem Tempo, den festgefahrenen ebenen Boden erreichen würde.

Dann ging mir blitzartig der Gedanke durch den Kopf, daß ich mir nur dann keine Füße brechen würde, wenn ich einen Teil der Aufprallenergie durch Abdrehen mit meiner rechten Seite auffange.

So geschah es. Es stauchte mich zwar mächtig zusammen, aber bis auf ein paar blauer Flecke blieb alles heil.

Der Rest meiner Kameraden verzichtete auf weitere Sprünge.

Es wurde Winter, und es gab in diesem Jahr reichlich Schnee. Die Waldwege waren festgetreten und glatt, aber meine Spikes taten ihren sicheren Dienst.

Wir hielten uns nicht immer an die Wege. Da wir auch diesmal ein paarmal quer durch den Wald im tieferen Schnee gelaufen waren, bekam ich in meinen dünnen Spikes langsam kalte Füße.

Deshalb setzte ich mich von der Gruppe ab und lief in einem etwas flotterem Tempo zurück, um möglichst schnell die warmen Duschen zu erreichen.

Der Heimweg führte diesmal über den Schmausenbuck. Nach dem Aussichtsturm ging damals nach ein paar Metern der Fußgängerweg rechts weg.

Eine Abkürzung in Form eines Trampelpfades führte links ab, einen rund 12 m hohen, fast fünfundvierzig Grad steilen bewaldeten Abhang hinunter.

Später wurde er zu einem Weg mit Treppen angelegt. Die Steigung wurde gebrochen, indem oben hohlwegartig die Erde abgetragen und unten aufgefüllt wurde.

Damals gab es nur Buckel und Mulden, die Bäume waren der einzige Halt nach unten.

An diesem Tag war der Pfad infolge so mancher Rutschpartie schneeglatt und teils vereist.

Meine Füße fühlten sich inzwischen unangenehm kalt an, und so hatte ich es eilig.

Ich kam im flotten Dauerlauf an, nahm etwas Tempo weg, und ließ mich mit meinen Spikes einfach in den Hang fallen.

Im gleichem Moment sah ich ein paar Meter tiefer zwei Ehepaare in inniger Umarmung an den Bäumen hängen. Eine der Frauen halb auf dem eisglatten Pfad.

Es ist erstaunlich, was man in Sekundenbruchteilen sehen kann. Die Herren hatten schwarze Halbschuhe an und waren mit langen Wintermänteln bekleidet. Einer davon rutschte gerade mit seinem rechten Fuß ab.

Beide Frauen hatten Stiefelchen aus Robbenfell an den Füßen und trugen kurze Felljacken. Viel Zeit zum Reagieren blieb nicht. Niemand kann in einem vereisten, steilen Abhang sofort stoppen.

Einerseits mußte ich mich auf meinen eigenen Weg konzentrieren, andererseits versperrte mir eine der Frauen den halben Pfad.

Eine kurze Drehung des Oberkörpers, und ich fegte an ihr in Zentimeterabstand vorbei.

Unmittelbar vor mir riß sie entsetzt ihre Augen auf und stieß einen leisen Schrei aus. Dann war Stille.

Ein paar Meter weiter, als ich bereits auf ebenem Boden weiterlief, konnte ich durch die klare Winterluft noch verstehen, wie einer der Männer laut sagte:

»*Wie hod'nn etz der des g'macht?*« (in Hochdeutsch: »Wie hat denn jetzt der das gemacht?«)

Bald darauf kamen meine Kameraden. Ich stand schon unter der warmen Dusche, und sie erzählten mir, daß die Fußgänger bereits längere Zeit verzweifelt an den Bäumen gehangen hätten.

Sie kamen weder hinauf noch herunter.

Während sie ihnen einzeln herunterhalfen, erzählten ihnen diese ganz aufgeregt, daß kurz vorher ein junger Mann im Trainingsanzug wie ein wilder Irrwisch den Hang heruntergefegt war. Es hätte nicht viel gefehlt und er hätte (s)eine Frau mit in die Tiefe gerissen.

Meine Freunde stellten sich ungläubig, aber die Spaziergänger wiederholten es erneut.

Sie meinten, daß sie es ja selbst nicht verstehen könnten, wie auf diesem vereisten Hang jemand in diesem Tempo herunterkommt, ohne auch nur einen Millimeter wegzurutschen.

Meine Freunde hatten Mühe, ernst zu bleiben, und verrieten ihnen das »Geheimnis« meiner Spikes nicht.

Warum sollten sie, für die an dieser Stelle hilflosen Fußgänger, das phänomenale Erlebnis profan entzaubern?

Wir hatten unter der Dusche noch längere Zeit unseren Spaß, als wir über den »wilden Irrwisch« feixten.

Es blieb kalt, und der Schnee blieb liegen. Deshalb beschloß unser Abteilungsleiter, am folgenden Wochenende nach dem Training die Clubmeisterschaften der

Leichtathleten im Rodeln auf der Rodelbahn am Schmausenbuck abzuhalten.

Nur ein paar Meter weiter vom Abhang des »wilden Irrwisch« war der Start.

Die Rodelbahn begann mit rund zehn Prozent Gefälle, wurde dann etwas flacher, um dann etwa mit zwanzig Prozent abzufallen.

Danach folgte damals ein kurzer Auslauf von rund dreißig Metern. Den Abschluß bildete eine kleine Böschung, welche rund siebzig Zentimeter steil anstieg.

Genauso steil ging es sofort wieder ca. eineinhalb Meter zu einer Forststraße abwärts. Dann kam wieder Wald.

Die ganze Rodelbahn war etwa dreihundert Meter lang, und je nach Zustand und Gewicht wurden hier respektable Geschwindigkeiten erzielt.

Sechzig Stundenkilometer dürften im Auslauf bei guten Bedingungen durchaus möglich gewesen sein.

Um das folgende Ereignis besser zu verstehen, ist diese genaue Detailbeschreibung nötig.

Es hatte ausreichend geschneit, und da schon seit über einer Woche gerodelt wurde, war die ganze Bahn vereist. Sie war in einem erstklassigen Zustand für schnelle Fahrten.

Das Training hatte sich etwas verzögert, es war später Nachmittag. Zusätzlich herrschte noch reger Rodelbetrieb, teils mit kleineren Kindern, und wir waren schon in Sorge, ob wir jeweils eine freie Bahn für den Wettbewerb bekommen würden.

Um die Zeit zu stoppen, stellte sich unser Trainer zunächst ein gutes Stück vor dem Ende der Rodelbahn auf.

Oben im Wald, etwas abseits unseres Starts, wurde

per Taschentuchwinken das Startzeichen gegeben. Es konnte losgehen.

Mein Partner war mein Vetter Werner, welchem ich, wie geschildert, ein paar Jahre zuvor aus dem Hochwasser half.

Inzwischen war seine Familie nach Nürnberg gezogen, und er in der gleichen Leichtathletikabteilung.

Er war einen guten Teil schwerer und nicht so schnell wie ich, deshalb saß er vorne, und ich schob den Schlitten an.

Nach der ersten Fahrt waren wir Vorletzter. **Vorletzter!** Ich bekam meinen Frust, und mein Vetter bekam sein Fett ab.

Er hatte sich beim Start viel zu früh nach hinten gelehnt, ich kam kaum auf den Schlitten. Deshalb standen wir anfangs leicht quer, und kamen dadurch nicht so richtig in Schwung.

Inzwischen fing es an zu dämmern, und wir konnten absehen, daß noch höchstens zwei Fahrten durchgeführt werden konnten, um uns zu verbessern.

Vorletzter! Wir waren heiß, und deshalb fackelten wir nicht lange, und starteten den zweiten Durchgang als erste.

Diesmal klappte es ausgezeichnet. Wir kamen hervorragend weg, mußten kaum lenken, und hatten eine wesentlich schnellere Fahrt.

In unserer Gier nach der Bestzeit starrten wir im Auslauf nur auf den Betreuer, ohne zu bemerken, daß dieser seinen Standpunkt wesentlich näher zum Ende der Rodelbahn eingenommen hatte.

Der Grund war, infolge der einsetzenden Dämmerung konnte er von diesem Platz aus das Startsignal im Wald besser erkennen.

Wir fuhren volle Fahrt, bis wir sahen, daß er die

Zeit stoppte. Dann blickten wir auf und sahen die auf uns zurasende Rampe.

Zum Bremsen war es viel zu spät. Wir hatten noch rund sieben bis zehn Meter zum Ende der Bahn und Beginn der Rampe.

Da der Boden vollkommen vereist war, blieb unsere verzweifelte »Absatzbremse« so gut wie wirkungslos.

Wir donnerten auf die Rampe, wurden hochgehoben, flogen im hohen Bogen über die Köpfe von ein paar »erstaunten« Zuschauern über die Straße, und »landeten« mit einem fürchterlichen Krach ein paar Meter weiter im Wald. Glücklicherweise war kein Baum in der Flugrichtung.

Werner selbst ist nichts passiert, denn er saß beim Aufschlag auf meinem Oberschenkel.

Rechnet man ab, daß ich wegen eines soliden »Pferdekusses« in meiner Oberschenkelmuskulatur nur ein paar Tage humpelte, kam ich ebenfalls gut weg.

Werner jammerte hingegen wegen des nagelneuen, zerbrochenen Schlittens. Erst jetzt gestand er ein, daß er das gute Stück für den Wettbewerb von der Nachbarstochter ausgeliehen hatte.

Ein neuer Schlitten war damals keine Preisfrage, sondern ausgesprochene Mangelware.

Ach ja, wir hatten die Bestzeit erobert, und zwar für alle Ewigkeit, denn das Rennen wurde wegen unserer spektakulären »Luftreise« sofort abgebrochen und später wegen Schneemangels nie mehr wiederholt.

Am Montag darauf konnte ich in der Zeitung lesen, daß am Wochenende die Sanitäter Hochbetrieb hatten.

Beim Rodeln hätten sich einige »übereifrige« Rodler Brüche zugezogen und mußten ins Krankenhaus. (Bei unserer Ankunft hatten wir uns schon gewundert, warum so viele Schlittenteile im Straßengraben lagen.)

Die Stadt sah sich gezwungen, noch am Sonntagvormittag den Auslauf mit Sand zu entschärfen. Wie gut, wenn man sich auf seine Knochen verlassen kann.

Im Sommer des gleichen Jahres wurde der Auslauf gründlich umgebaut. Den Wettbewerb des Rodelweitfliegens konnte man von da ab streichen.

* * *

Unsere Jugend war bunt und reich an außergewöhnlichen Episoden. Es gäbe noch einiges zu berichten.

Allein die sportliche Zeit gäbe noch reichlich Ausbeute für teils lustige, meist ungewöhnliche Episoden, wie z.B. den Sprung vom Omnibusdach mit seinen unerwarteten Folgen, oder warum einer meiner Sportkameraden einen Tag nach seinem zwanzigsten Geburtstag laut betete und jammerte, daß er nicht gedacht hätte, daß er schon so früh sterben müßte.

Selbst das kommende Berufsleben hätte einiges zu bieten, z.B. wie es dazu kam, daß ich meinem Auto auf einem steilen Feldweg nachlaufen mußte, während ein Karton das Gaspedal beschwerte.

Belassen wir es dabei. Allzuviel würde die Glaubwürdigkeit überstrapazieren.

Wir hatten eine schwere Zeit durch den Krieg mitgemacht. Als sich alles wieder normalisierte, explodierte in uns der Tatendrang. Bei allem Übermut waren wir jedoch nie bewußt bösartig.

Noch heute muß ich manchmal schmunzeln, wenn

mir an bestimmten Orten das eine oder andere einfällt. Ich bereue nichts, wozu auch?

Hätte ich noch einmal die Chance zu all dem Schabernack, nichts würde anders ablaufen, denn es war nie unsere Absicht, andere bewußt zu schädigen oder gar zu verletzen.

Einige meiner Freunde sind auch heute der Meinung, daß in mir noch immer ein Lausbub steckt. Sehr oft verhalte ich mich durch meine Experimentierfreudigkeit und Risikobereitschaft vollkommen anders, als es von einem »älteren Herrn« zu erwarten wäre.

Ich jedenfalls hoffe, daß ich mir noch sehr lange meine jugendliche Unbekümmertheit erhalten kann. Wozu auch alt werden?

Das Alter mag jenseits der Hundert beginnen, oder sind Sie anderer Meinung?

In diesem Sinne ... **Ende der wahren Geschichten.**

Hoginberd E. Hüßner

•

Ein Nürnberger Lausbub, Jahrgang 34

Lieber Otto,

als „Leidensgenosse" wünsche ich Dir

viel Vergnügen beim Lesen

Dein (E. Hüßner)